8
ESTRATÉGIAS DE
MARKETING
PARA CRESCER

PHILIP E MILTON KOTLER

8 ESTRATÉGIAS DE MARKETING PARA CRESCER

Título original: *Market Your Way to Growth*

Copyright © 2013 por Philip Kotler e Milton Kotler
Copyright da tradução © 2022 por GMT Editores Ltda.

Todos os direitos reservados. Nenhuma parte deste livro pode ser utilizada ou reproduzida sob quaisquer meios existentes sem autorização por escrito dos editores.

tradução: André Fontenelle
preparo de originais: Raïtsa Leal
revisão: Luis Américo Costa e Rita Godoy
diagramação: Ana Paula Daudt Brandão
capa: Michael J. Freeland
imagem de capa: © Julia Kaptelova | iStockphoto
adaptação de capa: Natali Nabekura
impressão e acabamento: Bartira Gráfica

CIP-BRASIL. CATALOGAÇÃO NA PUBLICAÇÃO
SINDICATO NACIONAL DOS EDITORES DE LIVROS, RJ

K880
    Kotler, Philip, 1931-
       8 estratégias de marketing para crescer / Philip Kotler, Milton Kotler ; tradução André Fontenelle. - 1. ed. - Rio de Janeiro : Sextante, 2022.
       256 p. ; 23 cm.

    Tradução de: Market your way to growth
    ISBN 978-65-5564-434-0

       1. Marketing. 2. Marketing de relacionamento. I. Kotler, Milton. II. Fontenelle, André. III. Título.

22-78572   CDD: 658.812
                                                     CDU: 658.818.2

Gabriela Faray Ferreira Lopes - Bibliotecária - CRB-7/6643

Todos os direitos reservados, no Brasil, por
GMT Editores Ltda.
Rua Voluntários da Pátria, 45 – Gr. 1.404 – Botafogo
22270-000 – Rio de Janeiro – RJ
Tel.: (21) 2538-4100 – Fax: (21) 2286-9244
E-mail: atendimento@sextante.com.br
www.sextante.com.br

*Para Nancy, minha mulher e meu amor,
pelo bom humor e pelo bom senso que eu tanto prezo.
Para meus amigos estrangeiros, que me ajudaram a
compreender certas particularidades da economia de seus países:
Evert Gummesson (Suécia), Fahim Kibria (Cúpula Mundial de Marketing),
Hermann Simon (Alemanha), Hermawan Kartajaya (Indonésia),
José Salibi (Brasil), Kam Hon Lee (China), Masatoshi Ito (Japão),
Pietro Guido (Itália) e Walter Vieira (Índia).*
– PHILIP

*Para Greta Kotler, minha parceira no amor,
na família, no trabalho e nas ideias.
Para Cao Hu, colega inabalável na implantação
da Kotler Marketing na China.*
– MILTON

Sumário

Introdução Preparando-se para dominar as oito rotas do crescimento — 9

1 Crescer fortalecendo sua participação de mercado — 29
2 Crescer criando consumidores e parceiros fiéis — 57
3 Crescer desenvolvendo uma marca poderosa — 81
4 Crescer inovando em produtos, serviços e experiências — 107
5 Crescer expandindo-se internacionalmente — 153
6 Crescer por fusões, aquisições, alianças e *joint ventures* — 173
7 Crescer construindo uma excelente reputação de responsabilidade social — 193
8 Crescer formando parcerias com governo e ONGs — 211

Epílogo — 235
Notas — 247

INTRODUÇÃO

Preparando-se para dominar as oito rotas do crescimento

Os próximos anos serão melhores para aqueles que aprenderem a equilibrar os sonhos com a disciplina. O futuro será daqueles que abraçarem o potencial de oportunidades mais amplas, sem deixar de reconhecer a realidade de recursos mais restritos, e encontrarem novas soluções que permitam fazer mais com menos.

– Rosabeth Moss Kanter, 2011

▌ Vivemos em um mundo de mão dupla: crescimento baixo/lento versus crescimento elevado/rápido

As empresas estão operando atualmente em uma economia global de mão dupla. Não é como a economia do passado – aquela anterior a 2008. Naquela época, os países, de modo geral, expandiam-se e retraíam-se juntos, à medida que a interdependência na economia global aumentava mais e mais. Agora não há dúvida de que as nações estão atuando em dois níveis diferentes (baixo e elevado) e em duas velocidades distintas (lenta e rápida) no que diz respeito ao crescimento econômico. No momento da concepção deste livro, tanto os Estados Unidos quanto a União Europeia se veem diante da perspectiva de crescimento baixo e lento no balanço da década até 2020. Ambos serão marcados por baixas taxas de crescimento – tão baixas que suas economias não conseguirão criar empregos suficientes para acompanhar o tamanho e o crescimento das respectivas forças de trabalho –, sobretudo em relação aos trabalhadores mais jovens. Também não conseguirão manter o ritmo necessário de arrecadação de impostos para simplesmente começar a desalavancar a enorme dívida pública acumulada, muito menos incentivar novos setores econômicos. A economia americana corre o risco de não conseguir gerar a quantidade de empregos necessária para dar conta do crescimento da população, que, espera-se, terá aumentado em quase 30 milhões em relação ao nível de 2012, de 313 milhões, para 342 milhões em 2020.[1] Vários países da União Europeia estão em recessão ou à beira dela – e o desemprego está em níveis muito elevados.

Sem um crescimento substancial, as taxas de desemprego podem ficar ainda mais altas e uma parcela maior dos orçamentos nacionais será necessária para auxiliar o número cada vez maior de desempregados. Entre os custos do desemprego estão o crescimento perdido, o valor do seguro-desemprego, gastos com saúde e a perda de confiança da população como um todo.

O desemprego pode perdurar por muito tempo por motivos *estruturais da força de trabalho* (por exemplo, o progresso da automação e um descompasso entre as vagas disponíveis e a qualificação dos desempregados atuais, que não possuem as habilidades exigidas por essas vagas) e também por motivos *cíclicos da economia* (por exemplo, a queda na demanda por trabalhadores capacitados e atualmente desempregados por causa do ciclo recessivo e a adoção de medidas de austeridade que reduzem ainda mais o número de empregos e a renda disponível para o consumo).[2]

Assim, os já gigantescos déficits dos Estados Unidos e da Europa acabarão sendo financiados de uma dessas duas formas: ou será impresso mais dinheiro (*quantitative easing*, ou flexibilização quantitativa), uma solução potencialmente inflacionária, sobretudo com as taxas de juros baixíssimas em vigor; ou haverá um aumento de impostos, atingindo níveis que vão prejudicar o investimento das empresas e o consumo das famílias.

A situação frágil das economias desenvolvidas ficará limitada a elas mesmas ou essa fragilidade vai se espalhar pelas nações de crescimento mais rápido e mais intenso do mundo em desenvolvimento?

A triste resposta é que o crescimento menor dos Estados Unidos e da Europa já está fazendo encolher o crescimento das nações em desenvolvimento. A taxa de crescimento da China caiu de 10% para 8%, e de 8% para 5% nos outros países do BRICS (Brasil, Rússia, Índia e África do Sul).[3] As taxas de crescimento mais elevadas no Oriente Médio e em vários países da África caíram, porém essas economias ainda estão na pista de alta velocidade, se comparadas às economias dos Estados Unidos (com taxa de crescimento de 2%) e da zona do euro (0,3%).

Na pista *muito* lenta estão países como Grécia, Portugal, Itália, Irlanda e Espanha – que são quase casos perdidos –, e também nações como Alemanha, França e Estados Unidos, que sofrem para alcançar uma taxa de crescimento anual entre 1% e 3%. Embora Brasil, Rússia, Índia e China estejam sofrendo uma queda no crescimento em razão da redução de suas exportações para países de baixo crescimento, a população elevada desses países torna a questão um pouco menos grave. Mesmo com o encolhimento da receita de exportações, eles podem se voltar para o desenvolvimento do mercado interno, que ainda não tirou proveito de uma taxa de crescimento elevado. O Brasil pode, por exemplo, desenvolver a economia dos estados do Nordeste, ao passo que a China pode desenvolver suas regiões ocidentais. Os países na pista de alta velocidade podem continuar saudáveis se focarem seu planejamento econômico no mercado interno.

Como as empresas reagem em uma economia de crescimento baixo

Enquanto o setor público não decidir qual abordagem adotar – seja ela a austeridade, o estímulo ou um misto dos dois –, é impossível prever o ritmo da retomada econômica. Os consumidores e as empresas permanecem em uma névoa de incerteza, mantendo o bolso bem fechado – um cenário que perpetua o baixo crescimento. Existe até a preocupação com um aprofundamento das recessões – e qualquer economista que afirme ser capaz de prever com certeza o estado da economia mundial nos próximos anos evidentemente não pode ser levado a sério.

No entanto, as empresas precisam agir; não há como ficar esperando as políticas que serão adotadas. Que opções, portanto, elas têm nos dias de hoje? Existem duas alternativas básicas: cortar custos ou rever a estratégia a fim de aumentar a receita. Vamos examinar em detalhes cada uma delas.

Cortar custos. Muitas empresas que se deparam com uma queda na demanda reagem empregando diversos métodos de corte de custos – por exemplo, dispensando parte do pessoal ou tentando arrancar mais concessões dos fornecedores. É claro que isso leva o próprio fornecedor a cortar custos, demitir parte dos empregados e arrancar concessões de seus respectivos fornecedores, o que acaba produzindo um efeito cascata com os cortes iniciais das maiores empresas levando a mais cortes ao longo de toda a cadeia de abastecimento. É uma situação que só piora. E, embora os preços caiam junto com os custos, o consumidor hesita em gastar – porque passa a esperar ganhar mais aguardando que os preços caiam ainda mais.

Rever a estratégia. Faz muito mais sentido que as empresas revejam suas estratégias em vez de fazer cortes de custos motivadas pelo pânico. Algumas enxergam nas crises uma oportunidade disfarçada, o que seria, portanto, "algo que não se pode desperdiçar". E a verdade é que uma crise em um país ou em um setor econômico é o melhor momento para aumentar a participação no mercado. Em períodos normais, é difícil para uma empresa roubar mercado de outras, porque todas estão robustas e financiadas. Mas muitas entram em crise nos períodos difíceis: não conseguem empréstimos ou o custo do crédito aumenta; perdem alguns dos melhores empregados; ficam com estoques inflados; e assim por diante. Essa é a época em que aquelas que possuem caixa suficiente podem se expandir sem gastar muito; especificamente, contratando novos talentos, abastecendo seus estoques a preços mais baixos – e talvez até comprando concorrentes. Por exemplo, durante uma recessão – quando a maioria das empresas aéreas estava cortando custos –, a Jet Blue fez planos de aquisição de 70 novos aviões e de obter empréstimos bilionários para dar continuidade a seu rápido crescimento. Voltaremos a falar da Jet Blue adiante.

A revisão da estratégia pode assumir diversas formas; mais especificamente, as empresas precisam responder a perguntas como:

- Temos gordura para queimar? Nesse caso, vamos cortá-la (mas com cuidado, para não cortar musculatura também).
- Existem segmentos de mercado específicos que deixaram de ser lucrativos? Nesse caso, vamos transferir o dinheiro para outros mais lucrativos.
- Existem regiões geográficas que deixaram de ser lucrativas? Nesse caso, vamos transferir o dinheiro para outras mais lucrativas.
- Existem produtos e serviços que estão dando prejuízo? Nesse caso, vamos transferir o dinheiro para produtos e serviços com maior potencial.
- Atender certos clientes está nos fazendo perder dinheiro? Vamos deixá-los comprar dos concorrentes, fazendo com que eles sangrem e não nós.
- Estamos tirando partido de setores com baixo custo de mão de obra e capital de nossos mercados internos e externos para reduzir custos e obter vantagem competitiva no preço?

Fazer essas e outras perguntas desse tipo permitirá à empresa rever a estratégia e tirar proveito da crise em vez de se tornar mais uma vítima dela.

Como as empresas devem planejar o crescimento – e até prosperar – em uma economia de baixo crescimento? Não estamos à procura de uma receita para crescimento bruto ou, em outras palavras, crescimento *a todo custo*. Todos conhecemos a história do empresário que cobra um preço abaixo do custo. "E como você vai fazer para lucrar?" "No volume." Isso é um esquema de pirâmide – e não é a nossa resposta. Quando falamos de *crescimento* como um objetivo da empresa, estamos falando em *crescimento com lucro* – pelo menos a longo prazo, ainda que não dê para ser lucrativo a curto prazo. E acrescentaríamos aqui mais um adjetivo crucial: crescimento *sustentável*. Ao usar esse termo, queremos dizer ajudar os parceiros da empresa a seguirem bem e ajudar o planeta a prosperar, com ar, água e recursos naturais limpos.

Assim, o objetivo deste livro é definir as principais rotas para atingir o crescimento lucrativo e sustentável.

A melhor maneira de uma empresa atingir um crescimento estável é manter bem claros seu *propósito* e seu *objetivo* – e garantir que todas as partes interessadas tenham *paixão* pela realização desse objetivo. Embora em tempos de guerra essa paixão seja evidente, é preciso que ela também o seja em tempos de paz. O objetivo pode ser tornar-se o motor econômico de melhor desempenho naquele setor específico. Um hospital que pretende se tornar referência no mundo para o tratamento de doenças continuará se aprimorando com descobertas da medicina e as melhores práticas de outros hospitais. A empresa de equipamentos de movimentação de terra que pretende construir novas estruturas da forma mais eficiente possível adotará as tecnologias mais modernas e aprenderá com seus maiores concorrentes.

Obviamente, algumas empresas encontrarão boas soluções de curto prazo para ganhar dinheiro nas crises, enquanto outras continuarão tendo que sobreviver cortando custos e preços. Infelizmente, eliminar custos inclui fazer cortes na folha de pagamento, colocando, assim, mais gente na fila do desemprego. Cortar preços significa reduzir as margens de lucro, o que enfraquece essas empresas – sobretudo na hora de encarar concorrentes poderosos. Ficar enfraquecido significa maior probabilidade de aquisição por um concorrente, a preço baixo, ou de liquidação e desaparecimento.

▶ O que as empresas devem fazer em uma economia de baixo crescimento?

Vamos descobrir como as empresas podem crescer e *prosperar* em uma economia global de baixo crescimento – e, para isso, vamos propor duas medidas. A primeira é reconhecer as nove megatendências que indicam as principais áreas de oportunidade. A segunda é dominar as oito rotas que podem entregar crescimento mesmo em uma economia de crescimento lento.

Como capitalizar as nove megatendências

Eis nossa lista das nove megatendências que vão afetar o crescimento e as oportunidades para a próxima década:

1. Redistribuição global de riqueza e poder econômico.
2. Mudança do foco estratégico do global para o regional e do regional para o local.
3. Urbanização contínua e necessidades crescentes de infraestrutura.
4. Número crescente de oportunidades oriundas da ciência e da tecnologia.
5. Aceleração da economia verde global.
6. Valores sociais em rápida transformação.
7. Cooperação crescente entre os setores público e privado.
8. Empoderamento do consumidor e revolução da informação.
9. Hipercompetição e inovação disruptiva.

A seguir explicamos como qualquer empresa pode capitalizar cada uma dessas megatendências.

1. Redistribuição global de riqueza e poder econômico
Desde o século XVI a Europa Ocidental havia sido a potência

econômica dominante, graças à expansão colonial global de britânicos, holandeses, franceses, espanhóis e portugueses. Os Estados Unidos tomaram a dianteira no século XIX – mais por conta de um crescimento endógeno do que de processos de colonização. O país se tornou a maior potência mundial de 1945 até recentemente, quando o debate sobre seu declínio e seu endividamento se intensificou. Não resta dúvida de que o poderio econômico, em um primeiro momento, passou para o Japão e, depois, para o Oriente Médio, com sua hegemonia petrolífera, e mais recentemente para os Tigres Asiáticos, sobretudo a China e a Índia.

É crucial, porém, perceber a crescente concentração de riqueza na maioria dos países. Muitos dos novos milionários e bilionários estão vindo de economias emergentes. A boa notícia é que algumas economias em desenvolvimento dispõem de elevadas somas de capital prontas para serem utilizadas. Existem, hoje, sete fundos soberanos de grande porte, com enorme capital. Portanto, disponibilidade de capital não é o problema. As grandes empresas que precisam de mais capital podem recorrer a algumas dessas fontes de riqueza. O problema é que o poder de compra do cidadão médio continua baixo – e, por isso, o consumo também se mantém baixo.

Essa megatendência é de particular interesse para empresas do setor de produtos de luxo, como Louis Vuitton, BMW, Hermès, Gucci, Rolex e outras. São marcas que abriram lojas em países nos quais a riqueza vem crescendo rapidamente – China, Brasil, Índia, Rússia e México, para citar alguns exemplos. Em São Paulo, os super-ricos estacionam o próprio helicóptero no topo dos shoppings de luxo e descem para fazer compras. A ascensão dos ricos tem guiado as decisões de hotéis de luxo, como o Four Seasons, sobre onde serão construídas as próximas unidades. Empresas de jatinhos, como a Gulf Stream, e fabricantes de iates procuram os super-ricos para lhes oferecer aviões e embarcações. A lição para a sua empresa é levar em conta as oportunidades de crescimento nos nichos dos super-ricos.

2. Mudança do foco estratégico do global para o regional e do regional para o local

Quando as oportunidades são abundantes, as empresas se instalam nas cidades e nos mercados regionais de primeira linha. Redes como McDonald's e Starbucks se expandiram para a Europa – primeiro se instalaram nas grandes capitais e depois em cidades médias. A HSM Brasil, uma importante empresa de treinamento de executivos que inicialmente organizava cursos em São Paulo e no Rio de Janeiro, passou a levar seus programas de treinamento para cidades como Fortaleza, Porto Alegre e Recife.

3. Urbanização contínua e necessidades crescentes de infraestrutura

É altamente provável que a urbanização continue a se acentuar. Antes, as grandes cidades tinham menos de 10 milhões de habitantes, mas hoje metrópoles como Xangai, Beijing, Mumbai, São Paulo, Cidade do México e outras têm populações mais próximas da casa dos 20 milhões. Além disso, a todo instante surgem novas cidades. A própria China anunciou planos de criação de diversas novas cidades, em parte para absorver o aumento da urbanização e frear um crescimento ainda maior das megalópoles existentes. À medida que essas cidades crescem, demandam estradas, energia, prédios, fontes de água e saneamento – e tudo isso gera empregos e demanda trabalhadores. Empresas como Caterpillar, General Electric e Cemex estão lucrando com a instalação de produtos e serviços tanto em cidades já existentes e em crescimento quanto em novas cidades em construção.

4. Número crescente de oportunidades oriundas da ciência e da tecnologia

Oportunidade é o que não falta. O mundo está cheio de problemas antigos que ainda precisam de solução – pobreza, escassez de água, poluição do ar e das águas e aquecimento global, só para citar alguns. As empresas e os consumidores têm muitos desejos práticos e emocionais que anseiam satisfazer. Além disso, novos conhecimentos científicos surgem a todo instante – na biologia, na medicina personalizada, nos alimentos funcionais, no setor energético e na nanotecnologia, áreas prontas para amadurecer e ser exploradas. Empresas de tecnologia, como Google, Meta, Apple e Amazon, prosperaram levando seus serviços ao mundo inteiro.

5. Aceleração da economia verde global

A maioria das empresas e dos cidadãos do planeta reconhece a fragilidade da Mãe Terra diante da exploração de seus recursos, que prossegue em ritmo alarmante, produzindo, em sua esteira, escassez e poluição. Além de haver uma carência cada vez maior de certos minerais essenciais à economia mundial, colocamos em risco nossos recursos naturais. Florestas estão sendo derrubadas para a queima de lenha para uso doméstico e são inegáveis as evidências de pesca predatória. Um dos pesadelos coletivos que assombram cidades como Amsterdã, Veneza e Nova York é a possibilidade de haver um aquecimento global descontrolado – o que levaria a uma elevação do nível dos mares, com potencial para submergir essas cidades ou inviabilizar o comércio delas. Existe uma necessidade crescente de regulamentação e de inovação para encontrar formas de reduzir o gasto de energia, conter a poluição e reciclar materiais.

A escassez de recursos e a poluição propiciam diversas oportunidades para as empresas. O CEO da General Electric, Jeffrey Immelt, lançou um programa chamado Ecomagination, destinado a mostrar como se pode ganhar dinheiro resolvendo problemas globais complexos. A GE investiu nos setores de painéis solares e turbinas eólicas a fim de gerar fontes alternativas de energia. Da mesma forma, a rede de varejo Walmart está substituindo os caminhões, que consomem muito diesel, por veículos energeticamente eficientes, que utilizam 50% menos combustível. Empresas automobilísticas estão acelerando a transição para carros e caminhões híbridos e totalmente elétricos. Empresas de energia estão abandonando o *fracking* e buscando novas reservas de gás natural. O que a *sua* empresa tem feito para tornar-se verde e ajudar a salvar o planeta?

6. Valores sociais em rápida transformação

A revolução digital levou a uma explosão de informação e canais de conteúdo e comunicação. É possível conseguir a resposta para praticamente qualquer pergunta em questão de segundos com uma pesquisa no Google – site descrito como a coisa mais próxima de Deus em termos de onisciência. Também se pode contatar 600 amigos do mundo inteiro no Facebook e se comunicar com eles instantaneamente por e-mail ou Skype, ou assistir a vídeos de qualquer lugar do mundo e observar diferentes culturas em ação. Novas ideias, modas e modismos se disseminam mais rápido que nunca – tendência que torna todos nós mais cientes de outros costumes, crenças, normas e práticas, ao mesmo tempo que os nossos traços culturais ganham mais evidência.

Estamos longe de ser uma sociedade homogênea. Existem incontáveis grupos com as quais os cidadãos podem se identificar. No livro *Microtendências*, os autores Mark Penn e Kinney Zalesne descrevem 75 microgrupos que possuem necessidades e desejos específicos, que as empresas mais atentas precisam reconhecer como oportunidades.[4] Pense apenas nestes sete: mulheres que moram sozinhas; mulheres que se casam com homens mais jovens; aposentados que trabalham; trabalhadores que realizam suas tarefas remotamente; colegas de trabalho que têm um relacionamento; hispânicos evangélicos e pessoas que moram muito longe do trabalho. Cada um desses grupos possui um conjunto específico de necessidades e desejos. Vamos pegar, por exemplo, o número cada vez maior de trabalhadores em home office. Eles têm necessidade de um escritório ou algum tipo de espaço de trabalho na casa, material de papelaria, equipamento de telecomunicações e outros itens que uma pesquisa de marketing com esse grupo revelaria. Cada grupo de uma microtendência representa uma possível oportunidade de crescimento para as empresas.

Na verdade, trata-se de um fenômeno que levou o escritor Greg Verdino a propor um método inteiramente novo para atender esses microgrupos. No livro *Micromarketing: Get Big Results by Thinking and Acting Small* (Micromarketing: obtenha grandes resultados pensando e agindo pequeno), Verdino mostra como pequenos empresários podem usar o poder do marketing viral para atingir e vender para esses grupos.[5] A ideia é recrutar influenciadores atuantes nas redes sociais (os chamados *microespecialistas*) para usar o marketing viral e espalhar o boca a boca sobre um produto ou serviço, novo ou já existente. O Yelp conseguiu enorme sucesso dando notas a restaurantes locais. O Groupon, empresa de compras coletivas, faz micromarketing de promoções de restaurantes e serviços para consumidores de regiões específicas.

7. Cooperação crescente entre os setores público e privado

Gastou-se – e desperdiçou-se – muito tempo em batalhas entre os defensores da livre iniciativa e os partidários da atuação e dos investimentos governamentais. Os primeiros limitariam os gastos do governo à defesa nacional, à segurança pública e a algum desenvolvimento de infraestrutura física e social. Já os segundos enxergam a necessidade de o governo investir de forma mais ampla em infraestrutura física e estímulo a diversos setores econômicos, além de infraestrutura social de saúde, educação, bem-estar e progresso social e cultural. Qualquer que seja sua opinião, o fato é que precisamos de mais parceria e menos discórdia entre os dois grupos. O governo, na maior parte dos países do Ocidente, não está tentando estatizar as empresas e administrá-las; a experiência da União Soviética deixou claro o desastre intrínseco resultante da tentativa do governo de cuidar de tudo. No entanto, parcerias entre governos municipais e empresas privadas locais, bem como entre governos regionais e companhias privadas maiores, podem fazer muito pelo desenvolvimento das economias locais e regionais. E temos visto cada vez mais evidências de parcerias bem-sucedidas.

8. Empoderamento do consumidor e revolução da informação

A revolução digital causou uma enorme transformação nas relações de poder entre vendedores, intermediários e consumidores. No tempo pré-digital, o vendedor desfrutava do monopólio da informação que chegaria ao consumidor em relação a seus produtos e serviços. Basicamente, o que sabíamos sobre uma empresa era conhecido por meio de anúncios e daquilo que os analistas de mercado diziam a respeito dela. O consumidor tinha uma boa gama de opções entre concorrentes, mas as informações a respeito deles eram bem limitadas. Alguns recorriam a revistas como a *Proteste* e a opiniões de familiares, mas a maioria permanecia em grande parte desinformada.

Hoje quase ninguém compra um carro novo sem antes entrar na internet e clicar em um site de automóveis, utilizar o WhatsApp para recolher as opiniões e experiências de amigos ou acessar sites como o Webmotors para ler opiniões não apenas sobre o carro, mas sobre quanto ele deveria custar de verdade, ou consultar outros sites para descobrir até que ponto compradores recentes estão satisfeitos com a decisão que tomaram. O consumidor se empoderou; tornou-se, verdadeiramente, o rei. E ele, ou ela, está tão bem informado quanto o vendedor. Agora a informação entre comprador e vendedor deixou de ser assimétrica e tornou-se simétrica. No futuro, isso levará a um momento em que as empresas de menor qualidade morrerão mais rapidamente. Quando o consumidor for capaz de avaliar com facilidade e rapidez o nível dos produtos e dos serviços de um vendedor, as empresas de baixo desempenho entrarão no negócio mais perto da sepultura. As empresas duradouras serão aquelas que compreenderem de forma mais completa os desejos e as necessidades do mercado-alvo e realizarem um trabalho melhor para satisfazê-los.

9. Hipercompetição e inovação disruptiva

A revolução digital não apenas fez do consumidor o rei; também rompeu e destruiu muitos negócios que poderiam ser mais bem administrados de forma digital e sem intermediários. Podemos ouvir música sem ter que ir a uma loja de discos; baixar um livro sem entrar em uma livraria; organizar a própria viagem sem um agente de viagens; e não precisamos mais que entreguem o jornal em casa. Quase todas as empresas precisam pensar em como se reinventar em termos digitais. Assim como a Kodak faliu quando as câmeras digitais acabaram com a necessidade do filme e o varejo baseado em lojas físicas vem perdendo mercado para o varejo on-line, *toda* empresa precisa se adaptar e inovar. As companhias atuais precisam monitorar seus concorrentes imediatos, mas também dedicar a mesma atenção aos concorrentes que podem surgir em um fundo de quintal, com um novo e empolgante produto ou modelo de negócios – que entregue preços mais baixos e maior qualidade ou conveniência.

As oito rotas para o crescimento sustentável

Podemos agora nos concentrar nas oito rotas mais promissoras para o crescimento. Mesmo quando uma empresa está presa em uma economia de crescimento baixo ou em desaceleração, ela pode tirar proveito dessas rotas. Gostaríamos de dar ao estudo dessas oito rotas o nome de *economia do crescimento*. No entanto, é preciso ser claro em relação a uma coisa: o crescimento, *por si só*, não é um objetivo suficiente. Existem várias maneiras de fazer uma empresa crescer. Ela pode crescer cortando preços de forma agressiva e suportando enormes prejuízos. Pode crescer em espasmos em vez de sistemática e continuamente. É comum fazermos distinção entre crescimento administrado e crescimento não administrado.

Nosso interesse consiste em obter um crescimento que seja (1) lucrativo e (2) sustentável. E *lucrativo* significa retornos positivos não apenas a curto prazo, mas também a longo prazo. Às vezes uma empresa tem que investir pesado e suportar uma lucratividade menor por um tempo em nome da obtenção de lucros maiores a longo prazo. Entendemos como *sustentável* uma organização que, a longo prazo, atenda tanto os interesses dos acionistas quanto os da comunidade e da sociedade como um todo. Uma empresa que cresça rapidamente, mas que deixe um rastro de poluição no ar, na água e no solo, não está sustentando os recursos naturais do planeta – algo que, no fim das contas, será prejudicial a *todas* as empresas.

O que nos interessa é examinar as oito rotas e fazer, ao final de cada uma, as perguntas que toda empresa precisa responder a fim de verificar se está fazendo o melhor uso daquela rota para atingir um crescimento lucrativo e sustentável. Cada rota já foi descrita dezenas de vezes. Não faltam livros detalhados sobre como gerir fusões e aquisições bem-sucedidas, fortalecer marcas, desenvolver uma cultura mais inovadora, buscar oportunidades no exterior – e sobre todas as demais. O problema começa quando a empresa acha que pode ganhar muito seguindo apenas uma dessas rotas – embora, na verdade, possam ser necessárias várias delas para se ter êxito.

Elaboramos este livro com o intuito de reunir em um só lugar as oito rotas e permitir que as companhias com motivação adotem uma visão mais ampla de onde se encontram em relação às oportunidades presentes em todas elas. Eis o que a sua empresa pode descobrir ao avaliar seu posicionamento nessas rotas:

- No melhor cenário possível, ela já domina as oito rotas – o que explica as vendas elevadas e o crescimento do lucro.
- Ou você descobrirá que sua empresa domina algumas das rotas e é terrivelmente deficiente em outras. Sua tarefa, então, será se concentrar no aprimoramento das habilidades nas rotas deficientes, desenvolvendo e seguindo um plano concreto e factível.
- Ou você descobrirá que sua empresa é um tanto medíocre na maior parte dessas rotas, se comparada aos concorrentes mais

fortes. Você terá que descobrir quais são as rotas que devem ser fortalecidas primeiro para atingir resultados melhores o mais rápido possível na transição de uma empresa de desempenho médio para uma de desempenho superior.

Agora estamos prontos para fazer a pergunta: quais são as oito rotas que as empresas precisam dominar para atingir um crescimento lucrativo e sustentável? Essas rotas serão descritas ao longo dos oito capítulos deste livro e têm origem nas respostas às seguintes perguntas:

1. Crescer fortalecendo sua participação de mercado. Qual é a melhor forma de superar os concorrentes e aumentar sua participação de mercado? (Capítulo 1)
2. Crescer conquistando a lealdade dos consumidores e da comunidade. Como sua empresa pode ganhar fãs e desenvolver uma cadeia de valor com parceiros dedicados? (Capítulo 2)
3. Crescer desenvolvendo uma marca poderosa. O que sua empresa pode fazer para criar e implementar uma marca robusta, que sirva como uma plataforma-modelo de sua estratégia e sua atuação? (Capítulo 3)
4. Crescer inovando em produtos, serviços e experiências. Como sua empresa pode desenvolver uma cultura de inovação e propor ofertas e experiências novas? (Capítulo 4)
5. Crescer expandindo-se internacionalmente. Como você pode identificar corretamente e entrar em macro e microbolsões internacionais de alto crescimento? (Capítulo 5)
6. Crescer com fusões, aquisições, alianças e *joint ventures*. Como sua empresa pode crescer identificando oportunidades atraentes de parcerias nesses campos? (Capítulo 6)
7. Crescer angariando uma reputação notável de responsabilidade social. Como sua empresa pode melhorar a própria imagem social, ganhando mais respeito e apoio do público e dos parceiros? (Capítulo 7)

8. Crescer formando parcerias com governo e ONGs. Como sua empresa pode descobrir oportunidades de trabalhar com o governo e as ONGs para melhor atender as necessidades públicas, sociais e privadas? (Capítulo 8)

Nossa tese é que pensar no marketing estratégico desempenha um papel central em todas as oito rotas. O marketing é a força concentrada no Consumidor, que é a chave para o Consumo, o Desembolso e a Geração de Empregos. O Marketing é a Nova Economia, que propõe ações tangíveis capazes de criar e ampliar a concorrência e a inovação na economia, em nível tanto nacional quanto internacional.

Ao fazer uso dessas rotas, sua empresa será capaz de rever a estratégia e encontrar oportunidades de crescimento em uma economia combalida.

Conclusão

O derretimento financeiro e as crises contínuas que afetam a economia global exigem uma resposta inteligente dos responsáveis pelas políticas públicas – assim como de cada empresa. O setor público adotará a austeridade ou o estímulo? As empresas adotarão o corte de custos e preços ou a revisão da estratégia?

Nossa tarefa, em cada um dos próximos oito capítulos, é nos concentrar naquilo que as organizações privadas podem fazer para investir e gastar de forma inteligente, mesmo diante de elevada incerteza política e de um ambiente econômico em rápida transformação. Esperamos mostrar como as empresas podem usar as oito rotas do crescimento para se expandir e prosperar de forma sustentável a longo prazo.

PERGUNTAS

1. Em qual ou quais das oito rotas sua empresa é mais forte? E em qual ou quais ela é mais fraca?
2. Caso você pudesse fortalecer seu posicionamento em uma das oito rotas, qual delas seria? E por quê?
3. Considerando a lista de nove megatendências, em qual delas você sugeriria focar agora como a melhor área de oportunidade para sua empresa?
4. Qual destas opções teria um impacto mais positivo no desempenho de sua empresa: (1) o governo adotar a austeridade ou (2) o governo adotar o estímulo? Explique por quê.

1 | Crescer fortalecendo sua participação de mercado

Empresas fracas ignoram os concorrentes; empresas médias os imitam; empresas vencedoras estão à frente deles.

Em uma pesquisa recente, o Conference Board, uma associação empresarial sem fins lucrativos, pediu a CEOs que ranqueassem diferentes prioridades de negócios e concluiu, sem surpresa, que a prioridade número 1 era o crescimento do negócio. Bob McDonald, CEO da Procter & Gamble (P&G), ressaltou esse argumento ao dizer: "Precisamos crescer; isso é o principal."[1] O crescimento é a meta em cenários normais, e mais ainda em cenários de depressão.

Crescer, porém, não é assim tão fácil, mesmo em períodos de normalidade. E até antes do início da Grande Recessão, em 2008, o cenário já estava longe do normal. Havia excesso de oferta em quase todos os setores. As empresas vinham encontrando dificuldade para aumentar ou mesmo manter os preços. As margens estavam pequenas e sob risco de diminuir ainda mais.

O início da recessão e a lentidão da retomada só agravaram a situação. As empresas se deram conta de que não precisam apenas de uma estratégia de crescimento; necessitam de uma estratégia de *defesa*. No entanto, mostram-se muito mais relaxadas em relação à defesa do que em relação ao crescimento – haja vista que o crescimento é o quesito no qual ocorre a ação e para onde vão as recompensas. CEOs não ganham parabéns por manter o que já existe; ganham parabéns por expandir.[2] Em cenários difíceis, porém, os ataques à atividade-fim da empresa se tornam mais frequentes e intensos, em consequência do desespero dos concorrentes. Quando muitas empresas começam a perder clientes ou vendas, se tornam predispostas a diminuir preços ou recorrer a lances predatórios ou agressivos contra os demais concorrentes, a fim de preservar suas vendas. E, como os clientes também vêm tendo problemas, aumenta a probabilidade de que pressionem por descontos ainda maiores.

Em geral, as empresas acabam recorrendo a diversas estratégias tradicionais – redução de custos, adaptação de produtos e embalagens e novas táticas de comunicação – em uma tentativa de preservar suas margens. Mas as empresas de hoje têm enfrentado ainda mais desafios do que antes: concorrência mais barata do exterior, maior rapidez na reação dos concorrentes, transparência de preços e perda do controle sobre as mensagens recebidas pelos consumidores.

Quando os concorrentes reduzem os preços, a empresa possui três opções de linha de ação:

1. Manter os preços no mesmo patamar, porém acrescentando outros benefícios.
2. Oferecer descontos aos clientes mais fiéis e que fazem pressão por maiores descontos.
3. Reduzir os preços para todos os clientes.

As empresas podem esperar manter o preço atual aumentando o pacote de benefícios. Podem melhorar as características do produto, oferecer melhores condições de entrega ou aprimorar a qualidade da assistência técnica. Mas, caso não tenham como criar um pacote de benefícios ampliado, serão obrigadas a reduzir os preços diretamente ou utilizando táticas de promoção de vendas (descontos, bônus, etc.). E, para preservar a margem de lucro, terão que cortar custos.

Dessa forma, estimulamos as empresas a seguir os cinco passos para desenvolver planos a fim de ampliar sua participação de mercado:

1. Buscar maior eficiência.
2. Realizar uma análise SWOT (forças, fraquezas, oportunidades e ameaças).
3. Aumentar sua produtividade financeira e de marketing.
4. Reavaliar e aprimorar seu mix de marketing e seu perfil de mercado.
5. Desenvolver estratégias de ganho de participação de mercado.

Vamos analisar em detalhes cada um desses passos.

▶ Buscar maior eficiência

Em cenários bons e normais, toda empresa cria "gordura" porque fica mais generosa e costuma gastar de forma mais liberal durante as fases de crescimento. Há menos disciplina financeira e operacional. Os lucros aumentam, mas a gordura se acumula. Na verdade, é provável que sejam encontrados de 15% a 20% de gordura em uma empresa em cenários favoráveis.

Mais cedo ou mais tarde, mesmo as grandes companhias acabam reconhecendo que seus custos aumentaram demais e que é preciso cortá-los. Por exemplo, quando o crescimento da P&G desacelerou, há alguns anos, a empresa reconheceu que seus custos de marketing representavam 25% das vendas – e que seria preciso reduzi-los a 20% das vendas. Por esse motivo, a P&G adotou as seguintes medidas:

- Reduziu a quantidade de tamanhos e versões disponíveis de diversos produtos, incluindo cremes dentais, detergentes e sabonetes, entre outros.
- Aumentou a padronização de produtos, embalagens e fórmulas publicitárias a fim de obter redução de custos.

- Deixou de lado algumas das marcas mais fracas (por exemplo, eliminando duas das oito marcas de detergente que possuía).
- Reduziu os investimentos em desenvolvimento de novos produtos, concentrando-se apenas nos conceitos mais promissores.

Claramente, toda empresa que se depara com um período de crescimento econômico fraco prolongado precisa adotar medidas para se tornar mais enxuta. O Esquema 1.1 é uma lista de perguntas sobre as quais sua empresa deve refletir.

Esquema 1.1 Em busca de maneiras de reduzir custos

Sua empresa é capaz de...

- Reduzir os custos com papel, embalagens e outros insumos, negociando preços menores ou trocando os fornecedores por outros mais baratos?
- Trocar os distribuidores por outros que resultem em custos menores?
- Fechar escritórios de vendas com baixa produtividade – e buscar equipes de vendas que possam trabalhar de casa, com informações e recursos de comunicação adaptados ao home office?
- Pagar a agência de publicidade por projeto? (A Procter & Gamble passou a adotar esse sistema para a maior parte das demandas enviadas à sua agência.)
- Substituir os canais de comunicação tradicionais, que têm custos elevados, por canais digitais de baixo custo?
- Obter mais impacto transferindo parte da verba promocional de comerciais de TV para relações públicas e novas mídias sociais?

- Deixar de lado determinadas características ou serviços dos produtos aos quais o consumidor aparentemente não atribui tanto valor?
- Realizar menos reuniões, ou reuniões mais curtas, em locais de menor custo e/ou realizar essas reuniões por áudio, vídeo ou webconferência?

Realizar uma análise SWOT

Toda empresa precisa fazer com regularidade uma nova análise SWOT – identificando forças, fraquezas, oportunidades, ameaças – a fim de reavaliar a situação presente. O ideal é comparar cada elemento SWOT não apenas em termos absolutos, mas em relação aos concorrentes-chave. Portanto, mesmo que sua empresa mantenha a qualidade em 95%, isso não será uma vantagem se o seu concorrente-chave mantiver a qualidade em 98% – e os consumidores preferem 98% de qualidade.

Vamos avaliar primeiro os pontos fortes e fracos de sua empresa e depois examinar suas oportunidades e ameaças.

Forças e fraquezas. Toda empresa possui um conjunto de capacidades. E toda capacidade que contribui de forma importante para o desempenho da empresa pode ser classificada segundo estes quatro níveis: superior, bom, médio ou fraco em relação aos concorrentes. Quando a capacidade é superior ou boa, é chamada de Força – e nutrimos a esperança de que a organização a utilize de forma competitiva. Quando a capacidade é fraca, é claramente uma Fraqueza. Se ela fará ou não muita diferença, isso depende de quanto essa capacidade contribui para o desempenho da empresa. Por exemplo: a rede de transmissão da T-Mobile nos Estados Unidos era uma fraqueza e levou a companhia a buscar uma fusão com a AT&T. Esse é um exemplo de ponto fraco de enorme relevância para a performance de uma empresa.

O Esquema 1.2 apresenta uma lista de forças e fraquezas em quatro grandes áreas, que ajudarão a fazer uma avaliação dos pontos fortes e fracos da sua empresa.

Esquema 1.2 Análise de forças e fraquezas

	PERFORMANCE			IMPORTÂNCIA		
	Alta	Média	Baixa	Alta	Média	Baixa
Marketing						
1. Reputação da empresa						
2. Participação de mercado						
3. Satisfação do cliente						
4. Retenção do cliente						
5. Qualidade do produto						
6. Qualidade do serviço						
7. Precificação eficiente						
8. Distribuição eficiente						
9. Promoção eficiente						
10. Equipe de vendas eficiente						
11. Inovação eficiente						
12. Cobertura geográfica						
Finanças						
13. Custo/disponibilidade de capital						
14. Fluxo de caixa						
15. Estabilidade financeira						
Produção						
16. Instalações físicas						
17. Economias de escala						
18. Capacidade						
19. Pessoal capacitado e dedicado						
20. Capacidade de produzir *on time*						
21. Capacitação produtiva						
Organização						
22. Liderança visionária/capacitada						
23. Empregados dedicados						
24. Orientação empreendedora						
25. Flexibilidade ou responsividade						

Com esse exercício, a empresa aprenderá duas coisas importantes: primeiro, será capaz de identificar seus principais pontos fortes. Mas, talvez ainda mais importante, será capaz de perceber que alguns desses pontos fortes não importam tanto assim para o consumidor. Em segundo lugar, descobrirá seus principais pontos fracos – e determinará quais fraquezas não geram tantas consequências para o comprador. É preciso manter o olhar sobre os pontos fortes que são mais relevantes para os clientes e para a gestão bem-sucedida do seu tipo de negócio.

Oportunidades e ameaças. O passo seguinte é adotar uma visão mais dinâmica dos fatores internos e externos que podem afetar a performance de uma empresa. Existem duas ferramentas – o Sistema de Alerta Precoce e o Planejamento por Cenários – úteis na detecção de oportunidades e ameaças.

Sistema de alerta precoce. Vivemos em uma era de interconexão global na qual acontecimentos em uma parte do mundo podem ter efeito profundo nas demais regiões do planeta. Por exemplo, em 11 de março de 2011 um terremoto no Japão matou centenas de pessoas, causando danos a suprimentos, produção e vendas. Durante meses, imperou o suspense em relação ao risco de uma central nuclear próxima do epicentro, danificada pelo terremoto, vazar radiação para a atmosfera. Empresas japonesas e seus clientes perderam muito em vendas.

As mudanças estão acontecendo a uma velocidade cada vez maior, transformando o comportamento de consumidores, fornecedores e distribuidores, bem como produtos e serviços. Qualquer empresa pode se deparar repentinamente com o colapso de suas conexões e de sua produtividade, em razão de eventos, tecnologias ou inovações disruptivos. Basta pensar em como a revolução digital atingiu ou destruiu as lojas de discos de vinil, as livrarias e os jornais. E não são apenas os eventos globais ou catastróficos que têm esse efeito: uma ou duas pessoas, trabalhando em um fundo de quintal, podem inventar algo que transforme a natureza de setores inteiros – ou da sociedade. Pense no caso dos pioneiros Bill Hewlett e Dave Packard, que fundaram a Hewlett-Packard, e, mais recentemente, em gente como Bill Gates (Microsoft), Steve Jobs (Apple), Mark Zuckerberg (Facebook) e Larry Page e Sergey Brin (Google).

A fim de promover a descoberta de oportunidades e ameaças, as empresas precisam conferir responsabilidades de monitoramento de diferentes componentes de seu ambiente a vários membros da equipe. O Esquema 1.3 proporciona um guia para os componentes que devem ser observados. Por exemplo, o ideal é indicar uma pessoa da equipe para cada concorrente, de modo a reunir o máximo possível de informação a respeito dele. Dessa forma, caso um vendedor esteja em uma disputa de preço com um concorrente específico, esse vendedor pode contatar o especialista da empresa e descobrir qual estratégia de preço específica aquele concorrente provavelmente adotará. Caso a empresa não monte uma equipe de especialistas internos, terá que obter essa informação trabalhando em conjunto com instituições de inteligência empresarial.

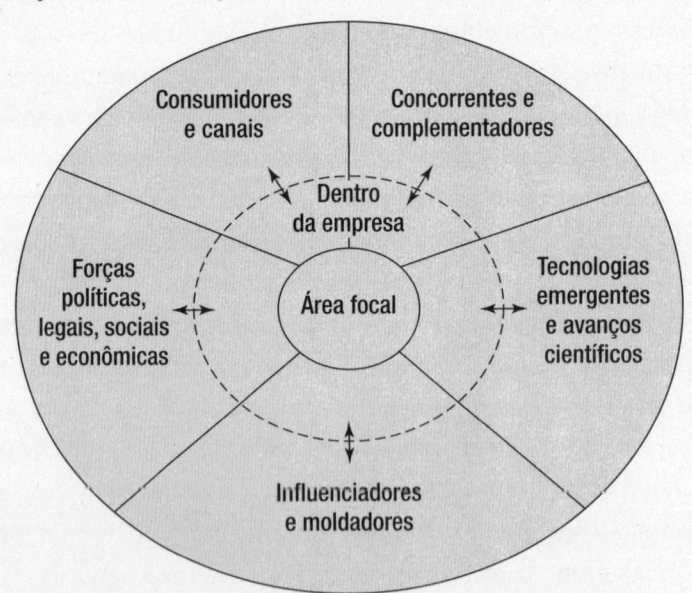

Esquema 1.3 Componentes de um sistema de alerta precoce

Fonte: DAY, George S.; SHOEMAKER, Paul J. H. *Peripheral Vision.* Boston: Harvard Business School Press, 2006.

Ser um especialista no conhecimento de um componente não é necessariamente uma tarefa de tempo integral, mas apenas uma responsabilidade a mais. É preciso, porém, que as empresas atribuam essas responsabilidades de forma específica, já que não se pode esperar que *todos* na organização estejam de olho em *tudo*.

Um sistema de alerta precoce permite que você transforme algumas dessas descobertas em oportunidades. Por exemplo, alguém pode descobrir que um grande concorrente planeja fechar uma de suas fábricas – uma oportunidade para sua empresa adquirir aquele negócio ou, no mínimo, aumentar sua participação no mercado.

Em alguns casos, os achados serão ameaças. A Vonage, por exemplo, foi uma pioneira na venda de pacotes de telecomunicações corporativas substancialmente mais baratos, incluindo um plano com chamadas internacionais ilimitadas para mais de 60 países a uma tarifa mensal fixa. Precisou, então, reagir à notícia de que a Microsoft havia adquirido o Skype, tornando-se seu principal concorrente.

É preciso estimar tanto a seriedade quanto a probabilidade de cada ameaça ou oportunidade. É possível deixar de lado certas questões cujo impacto não seja tão grave ou cuja probabilidade seja remota.

O passo seguinte é organizar um quadro geral de oportunidades e ameaças – algo que você pode fazer utilizando a segunda ferramenta: o planejamento por cenários. Ele foi desenvolvido, originalmente, para o planejamento militar, no qual há um altíssimo grau de incerteza. Uma das primeiras empresas a empregá-lo foi a Royal Dutch/Shell, quando teve que fazer pesados investimentos sem saber quantos campos de petróleo seriam encontrados, qual seria a demanda futura por petróleo e qual o impacto do movimento ambientalista sobre o consumo de petróleo. A Pfizer tem sido uma grande usuária do planejamento por cenários, para lidar com as incertezas da regulamentação dos preços dos remédios e da nova legislação de atenção à saúde nos Estados Unidos (o Obamacare).

O planejamento por cenários exige que a empresa imagine diferentes panoramas possíveis para as variáveis-chave que a afe-

tam. Podem ser gerados quantos panoramas se desejar, mas o ideal é limitar o número. Suponhamos que uma empresa elabore três cenários:

1. Um normal, que se parece com o presente.
2. Um pessimista, em que as ameaças superam as oportunidades.
3. Um otimista, em que as oportunidades superam as ameaças.

O Esquema 1.4 ilustra um exemplo com três cenários.

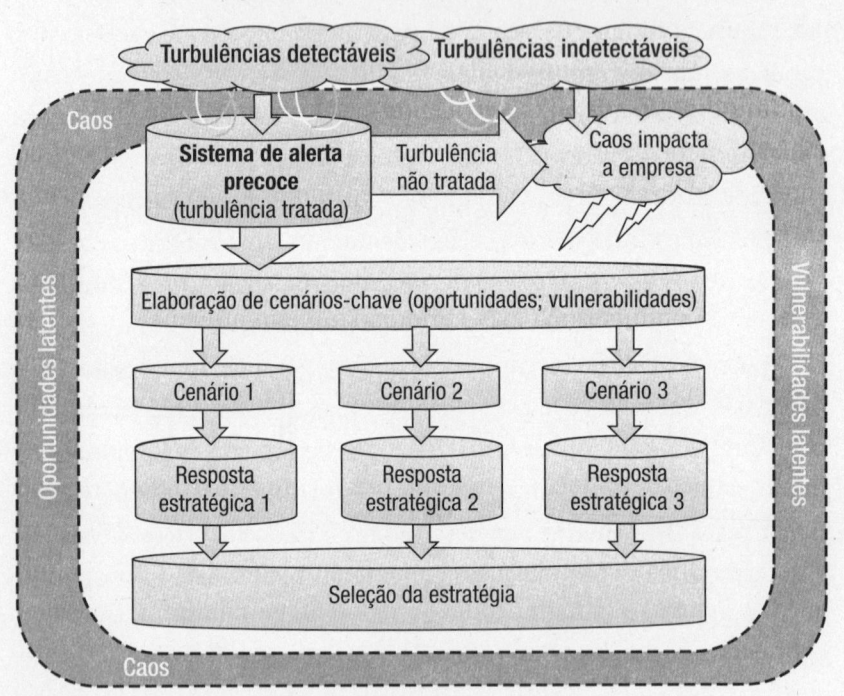

Esquema 1.4 Análise de três cenários

Fonte: KOTLER, Philip; CASLIONE, John A. *Chaotics: The Business of Managing and Marketing in the Age of Turbulence.* Nova York: Amacom, 2009.

A cúpula empresarial analisa possíveis ambientes econômicos, sociais, técnicos e políticos em que a empresa pode vir a atuar no futuro próximo. Um dos cenários pode enxergar esse ambiente como idêntico ao atual. Outro cenário pode assumir um ponto de vista pessimista, esperando o pior. Um terceiro cenário pode adotar uma visão otimista e pressupor o melhor.

O valor da elaboração de cenários não é facilitar a determinação da probabilidade de que ocorram; na verdade, é difícil prever a probabilidade de qualquer dos três cenários. O objetivo do planejamento por cenários, na verdade, é ampliar a imaginação sobre o que pode acontecer, porque isso pode nos proporcionar ideias novas ou decidir antecipadamente como reagir caso um desses cenários se concretize. A ideia é usar o planejamento por cenários como uma forma de pensar fora da caixa e expandir a perspectiva em relação ao ecossistema ao redor e seus diversos padrões e possibilidades. A empresa precisa preparar planos de contingência para as ameaças mais graves.

As empresas também podem usar outras ferramentas para lidar com o aumento da incerteza. *Simulações do tipo Monte Carlo* são usadas por organizações como Eli Lilly, Sears, General Motors e Procter & Gamble para elaborar uma distribuição de probabilidades que mostre a frequência de diferentes desfechos usando uma determinada estratégia. Os *jogos de guerra*, outra ferramenta, têm sido usados pela Merck and Company para aprender como diferentes jogadores podem reagir a uma mudança de grande porte iniciada por um dos jogadores e às ações e reações resultantes. As empresas também podem usar *árvores decisórias* que enumeram uma sequência de decisões possíveis e desfechos prováveis que venham a ocorrer.

▶ Aumentar sua produtividade financeira e de marketing

Quando uma empresa pondera suas opções diante de um quadro econômico de baixo crescimento, as opções estratégicas dependem fortemente de seu grau de produtividade financeira e de marketing.

Segundo a Booz & Company, uma empresa de consultoria estratégica e gestão global, é possível distinguir quatro situações nas empresas. Como mostra o Esquema 1.5, a melhor estratégia será diferente em cada situação.

Esquema 1.5 Que tipo de empresa somos?

Isso depende do perfil estratégico da empresa

	EMPRESA FORTE	EMPRESA ESTÁVEL	EMPRESA EM CRISE	EMPRESA FALINDO
FINANÇAS	FORTE	FORTE	FRACA	FRACA
MARKETING	FORTE	FRACA	FORTE	FRACA
	Comprar concorrentes e seus ativos, aumentar os gastos com marketing	Montar uma equipe de marketing mais forte, adquirir marcas fortes	Gerar novo caixa cortando pessoal, renegociando com fornecedores, aprimorando processos	Fechar e salvar o que for possível. A empresa é um caso perdido

Fonte: Booz & Company.

1. **Empresa forte.** É aquela dotada de capacidades financeira e de marketing muito boas. Conta com gerentes de marketing talentosos e muito dinheiro disponível. Nesse caso, a empresa deve agir como o agressor, pressionando pelo aumento da participação no mercado. Precisa reforçar as campanhas de marketing e cogitar a compra de um ou mais concorrentes fracos ou seus ativos, assim como fustigar concorrentes em dificuldades financeiras. Alguns concorrentes venderão parte de seus ativos ou mesmo o negócio inteiro. É um período de ouro para empresas como o Google, abençoado tanto com finanças quanto com marketing fortes.

2. **Empresa estável.** É aquela financeiramente sólida, com dinheiro para gastar, mas à qual falta a competência de marke-

ting para tirar proveito das oportunidades. De certa forma, a Microsoft se encaixa nesse perfil, pois tem dinheiro de sobra, mas enfrenta dificuldades para crescer. Ela precisa usar seu capital para atrair talentos de marketing e montar uma equipe mais robusta. Pode até ser que concorrentes enfraquecidos tenham dispensado marqueteiros com expertise que estejam em busca de outra companhia na qual possam colocar em prática seus talentos de marketing. Esse tipo de empresa também deve cogitar a compra de algumas marcas fortes em vez de tentar construir uma do zero. Caso consiga turbinar sua capacidade de marketing, ficará mais parecida com as empresas do tipo 1: forte tanto nas finanças quanto no marketing.

3. **Empresa em crise.** É aquela que pode ser forte no marketing e estar pronta para implementar muitas ideias, mas carecer de capital suficiente para colocá-las em prática. A Chrysler tem um histórico de inovação, mas atualmente lhe faltam mais recursos para crescer. Ela pode gerar caixa adicional cortando pessoal, renegociando com fornecedores e aprimorando processos. Companhias nessa situação precisam aplicar seu poderoso know-how de marketing para convencer banqueiros e outras fontes de recursos a emprestar-lhes capital. Caso a empresa seja bem-sucedida na obtenção de fundos para se fortalecer financeiramente, disporá de potência financeira e de marketing, e será, portanto, como as empresas do tipo 1: pronta para roubar fatias de mercado dos concorrentes.

4. **Empresa falindo.** É aquela a que faltam tanto a capacidade de marketing quanto a financeira. Não temos como oferecer a essa organização qualquer esperança de prosperar, nem mesmo de sobreviver, em uma economia em recessão ou de baixo crescimento. É assim que podemos caracterizar atualmente a JCPenney, que precisa ou encontrar uma nova estratégia, ou ser vendida a algum outro investidor.

▶ Reavaliar e aprimorar seu mix de marketing e seu perfil de mercado

Durante uma desaceleração do mercado, as empresas começam a buscar desesperadamente meios de redução de custos. Em geral, escolhem três departamentos para um rápido corte de custos: desenvolvimento de novos produtos, recursos humanos e marketing. Ou seja, elas colocam produtos novos na geladeira; o RH para de gastar com recrutamento e treinamento; a verba de marketing é reduzida nos mercados menos cruciais.

Aqui vamos nos concentrar no marketing, já que existem muitas dúvidas em relação às melhores práticas de marketing durante uma recessão. A percepção geral é de que muitas empresas reduzirão a publicidade em televisão, por exemplo, por acreditar que, embora os anúncios de TV possam ajudar a construir a marca a longo prazo, elas precisam desesperadamente cortar custos *hoje*. Também podem cogitar deixar de lado alguns produtos, serviços, segmentos de mercado e até clientes específicos que custam mais do que valem.

No entanto, em vez de supor que todas as empresas com dificuldades de caixa devam simplesmente cortar seus orçamentos de marketing, vamos rever as conclusões do relatório de pesquisa do Kotler Marketing Group de 2011, intitulado *Marketing through Difficult Times: Best Practices of Companies that Found Ways to Prosper During the Great Recession* (Marketing em tempos difíceis: as melhores práticas das empresas que encontraram formas de prosperar durante a grande recessão). Eis as conclusões:[3]

Conclusões gerais

- A maioria dos diretores de marketing afirmou que sua empresa manteve ou até aumentou a alocação de recursos em uma série de atividades centrais de marketing. Essas organizações deram

ênfase à lucratividade das linhas de produtos e expandiram o marketing on-line e as ações de gestão de contas estratégicas.
- As ações de marketing on-line e digital continuaram a crescer em importância durante a Grande Recessão. De fato, como essas ferramentas costumam ser relativamente baratas, a atual situação econômica parece ter incentivado as empresas a investir nelas.
- A ênfase contínua nas atividades de marketing (incluindo o marketing on-line e digital) foi acompanhada de uma redução significativa do pessoal de marketing. Resumindo, as empresas buscaram fazer mais com menos.
- Essa abordagem de "fazer mais com menos" tem sido acompanhada de uma relativa prioridade a ações que prometem retornos de curto prazo, com um impacto claro e direto sobre o resultado. Embora compreensível à luz das circunstâncias econômicas, esse desdobramento gera receio em relação à sustentabilidade a longo prazo e à efetividade do compromisso das empresas com o marketing.

Nesse estudo, os pesquisadores se debruçaram com mais profundidade sobre o desempenho das companhias e então as classificaram em dois grupos: Empresas de Alta Performance e Empresas de Baixa Performance. Pediram a cada organização que calculasse seu índice do crescimento de vendas em relação ao do seu setor econômico. Aquelas que relataram que o crescimento de vendas superou a média do setor foram consideradas empresas de alta performance; as demais foram classificadas como empresas de baixa performance. Em seguida, os pesquisadores analisaram as demonstrações de resultado de 50 das companhias de sua amostra, comparando a variação real nas vendas com as médias do respectivo setor, e concluíram que os dados fornecidos eram confiáveis, sem viés relevante. Eis as duas diferenças significativas entre as empresas de alta performance e as de baixa performance:

1. Embora tanto as empresas de alta quanto as de baixa performance tenham demonstrado um compromisso ininterrupto com o marketing durante a Grande Recessão, as empresas de alta performance se destacaram por seu *maior nível de compromisso*.
2. As empresas de alta performance apresentaram uma *cultura de marketing mais forte* do que as empresas de baixa performance.

▶ Desenvolver estratégias de ganho de participação de mercado

Agora vamos voltar à questão do que é preciso fazer em um período de recessão. Sem dúvida é necessário reavaliar os segmentos de mercado e os clientes; os produtos e os serviços; e o mix de promoções. Vamos examinar cada um deles individualmente.

Reavalie seus segmentos de mercado e seus clientes. A maioria das empresas prefere vender seus produtos e serviços a todos aqueles que compram na categoria de produtos. No entanto, elas sabem que o comportamento dos clientes varia em relação ao que desejam, valorizam e estão dispostos a pagar. Por isso, as empresas precisam determinar as características dos clientes mais adequados, nos quais devem mirar. Precisam subdividir os compradores em segmentos que tenham relevância. É possível categorizar os clientes no mercado por diferenças de faixa etária, gênero, renda, grau de instrução, estilo de vida ou uma mistura de tudo isso. A empresa busca, basicamente, um grupo mais ou menos homogêneo de clientes e de clientes em potencial que se assemelhem em desejos, critérios de compra e comportamento de consumo. Quando ela identifica um segmento que queira atender – e que *pode* atender de maneira superior –, pode fazer a descrição desse grupo para a agência de publicidade e para a força de vendas. Em seguida, as equipes de publicidade e de vendas podem escolher mídias eficientes, direcionando suas mensagens de modo a acertar na mosca aquilo que leva esses clientes e potenciais clientes a comprar.

Eis outros aspectos a serem levados em consideração na hora de planejar e refletir sobre a segmentação:

- A empresa *não precisa se limitar a um segmento*. Ela pode ir atrás de vários segmentos, porém cada um deles exige um planejamento sob medida de produto, preço, ponto de venda e promoção. O McDonald's, por exemplo, criou planos de marketing distintos para atrair mães e filhos, adolescentes, idosos e diferentes grupos étnicos para seus restaurantes.
- O *tamanho e os desejos de um segmento podem mudar com o tempo*. Por isso, *as empresas precisam continuar atualizando a abordagem* em relação a cada segmento. Alguns vão encolher, por conta da evolução dos gostos ou de dificuldades econômicas. Pessoas que estavam felizes com determinada marca podem trocá-la por outra mais barata. Nesse caso, a empresa deve considerar a introdução de uma segunda marca, mais barata, em vez de reduzir o preço da marca principal. A Gap, do setor de vestuário, começou a perder clientes para marcas mais baratas. Ela pegou a operação de sua rede Gap Warehouse, mais barata, e rebatizou-a Old Navy. A nova marca já ultrapassou a marca de mil lojas nos Estados Unidos e no Canadá.
- A empresa tem que medir *a lucratividade de cada segmento*, e provavelmente será melhor deixar de atender um segmento menos lucrativo para atender outro mais lucrativo e de crescimento mais rápido. Isso exigirá um plano dos 4 Ps (preço, produto, ponto de venda e promoção) novo para entrar nesse novo segmento e prosperar. A Hewlett-Packard discutiu a possibilidade de vender sua divisão de PCs, que estava crescendo lentamente, para se concentrar no mercado de tablets, de rápida ascensão, no qual a Apple foi pioneira. Sua primeira tentativa no setor de tablets não foi bem-sucedida, mas isso não fez a empresa desistir.
- Além de conhecer a lucratividade ou taxa de retorno de cada segmento atendido, a empresa também pode se beneficiar se

fizer uma estimativa da *lucratividade de cada cliente* naquele segmento. É útil descobrir que se está perdendo dinheiro com alguns clientes, seja porque compram muito pouco ou porque são muito caros de atender. A maioria das empresas procura atribuir notas aos clientes na tentativa de fazer essa distinção. Com esse objetivo, a eBureau, uma organização de análise preditiva, desenvolveu um método de atribuição de notas de 0 a 99 para indicar o poder de compra de consumidores específicos. O poder de compra leva em conta a profissão da pessoa, o valor de sua residência, o salário e os padrões de consumo. Os clientes da eBureau adquirem os e-scores para determinar quais de seus *leads* (pessoas potencialmente interessadas em algum produto ou serviço da empresa) merecem receber uma proposta. As empresas fazem propostas a consumidores de e-score elevado e não perdem tempo e dinheiro indo atrás de consumidores de e-score baixo.

- É preciso, porém, ter em mente que a lucratividade do cliente é apenas uma medida *momentânea* do valor do consumidor. Portanto, o ideal é *fazer uma estimativa do valor vitalício do cliente (customer lifetime value)* – algo que vai variar de um consumidor a outro. Essa estimativa exige projetar durante quantos anos, provavelmente, o cliente vai permanecer como cliente, quanto provavelmente comprará e o lucro que será obtido dele ano após ano. Em seguida, a empresa faz uma estimativa do valor atual do *fluxo de renda futuro* desse cliente. O interesse da empresa será fazer de tudo para atender os consumidores com elevado valor do tempo de vida do cliente.
- Embora tenhamos descrito um segmento como consistindo em clientes homogêneos, reconhecemos que *alguns produtos atraem consumidores muito diferentes*. Por exemplo, a Harley-Davidson Company, fabricante de motocicletas, formou toda uma comunidade de fãs – que inclui "tipos durões", profissionais liberais (advogados, médicos), mulheres e outros. Todos

amam a empresa. A Apple também construiu uma comunidade de entusiastas, que diferem uns dos outros de várias formas – a não ser pelo fato de que amam a Apple. Durante uma recessão, a empresa que atende vários subsegmentos precisa avaliar em quais deve se concentrar – e quais deve deixar de lado caso simplesmente custe demais atendê-los e mantê-los felizes.

Reavalie seus produtos e seus serviços atuais. A maioria dos produtos, serviços e marcas provavelmente exibirá características típicas do ciclo de vida. Surgem em algum momento, ganham popularidade quando atendem uma necessidade, atingem um platô conhecido como "maturidade" e então começam a declinar. A duração de cada estágio varia muito e às vezes a empresa ou a evolução do mercado conseguem dar ao produto uma segunda vida. Por exemplo, o náilon, como produto, já teve várias vidas; foi, sucessivamente, incorporado a paraquedas, meias femininas, velas de barcos, roupas e pneus. Muitos produtos, porém, envelhecem e ficam obsoletos, sendo substituídos por novidades. Não raro, as marcas de empresas têm vida mais longa do que as marcas dos produtos, ainda que muitos produtos e marcas de produtos tenham existido e desaparecido dentro dessas companhias. É o caso, por exemplo, da Caterpillar, fabricante de máquinas de grande porte, e da Mercedes, fabricante de automóveis.

O mix de produtos encontrado em qualquer companhia em dado momento consistirá, provavelmente, nos sucessos do passado, nos sucessos do presente e nas promessas para o amanhã. A empresa precisa estabelecer um sistema pelo qual consiga monitorar e avaliar os produtos de sua linha a fim de determinar quais devem receber mais ou menos suporte – e quais devem ser eliminados. Philip Kotler propôs um sistema do gênero no artigo "Phasing Out Weak Products" (Eliminando produtos fracos em fases), publicado na *Harvard Business Review*.[4]

Durante períodos de declínio econômico, toda empresa precisa olhar de forma rigorosa o posicionamento atual e futuro de seus produtos. É o momento de começar a se livrar dos perdedores e aumentar o suporte aos vencedores. Pense em uma companhia como a Nike, com tantas linhas de calçados. Algumas delas sofrerão forte declínio, em função da evolução da moda ou do preço. Quando isso ocorre, é preciso reduzir a produção. E, se o declínio for muito acentuado, a linha pode ser abandonada e descontinuada.

Embora estejamos falando principalmente de produtos, os serviços também exigem atenção. Nos tempos de vacas gordas, a empresa pode ser generosa na disponibilização de serviços, oferecendo reembolsos, realizando manutenção, enviando cartões de Natal, promovendo eventos para clientes e assim por diante. Nas fases de aperto, porém, é preciso rever quais serviços são importantes para os clientes e quais não fariam falta se fossem interrompidos. Isso pode levar a empresa a acabar com a gratuidade de alguns serviços, tornando-os opcionais, porém cobrados.

Reavalie seu mix de promoções. Em cenários favoráveis, as empresas se sentem confortáveis em gastar com publicidade e outras atividades de marketing porque é isso que os concorrentes estão fazendo e a empresa quer manter uma razoável participação no volume total de propaganda veiculada (*share of voice*). Elas sabem que grande parte do gasto com publicidade representa um ato de fé ou um seguro, sem que haja uma forma simples de medir a taxa de retorno sobre o investimento em marketing (ROMI). Uma vez consolidado o declínio econômico, a empresa começa a se refugiar nas promoções ou passar de promoções caras para outras menos custosas. É mais fácil ver um centavo concretamente economizado do que um centavo hipoteticamente ganho.

A equipe do departamento de marketing enfrentará muita pressão para defender a verba existente. Em alguns casos, pode até alegar que é o momento de *aumentar* os gastos com marketing – sobretudo se todos os concorrentes tiverem cortado seus orçamentos na área. Em períodos normais, há pouca oportunidade para uma empresa aumentar sua participação de mercado; nas fases de declínio econômico, porém, fica mais fácil para as empresas mais sólidas capturar uma fatia maior. No entanto, a maioria dos líderes prefere reduzir a verba de marketing com base no pressuposto de que, a curto prazo, o marketing pode fazer pouco para incentivar o consumidor a gastar mais.

Reveses econômicos levam as empresas a repensar não apenas a dimensão do orçamento publicitário, mas também o mix de ferramentas promocionais. Algumas transferem parte da verba destinada a anúncios de TV para o rádio ou jornais, sobretudo durante períodos de promoção de vendas. Muitas organizações aumentam os gastos com mídias sociais, ao passo que outras aumentam a despesa com relações públicas e eventos. O esforço maior será no sentido de aumentar as promoções de vendas – descontos, abatimentos, dois pelo preço de um e assim por diante –, sempre a fim de reduzir preços na tentativa de segurar o cliente sensível ao preço. Entretanto, a empresa precisa estar ciente de que promoções pesadas de vendas podem prejudicar a imagem de ser "melhor e diferente".

Embora ao ilustrar como adaptar o mix de marketing durante recessões tenhamos nos voltado principalmente para empresas B2C (*business-to-consumer*), muito do que dissemos se aplica também às empresas B2B (*business-to-business*), que têm menos clientes e são altamente especializadas. Essas empresas também precisam avaliar seus segmentos, clientes específicos, mix de produtos, mix de distribuição e mix de promoções. É provável que os clientes queiram renegociar preços, deem preferência a equipamentos com menos atributos e modelos mais baratos e que prefiram obter mais suporte de promoção comercial. Basicamente, sua empresa precisa resolver quais clientes, segmentos e linhas de produtos vale a pena manter a longo prazo.

Participação de mercado (market share) *– Estratégias vencedoras*

Tendo analisado de modo geral como a empresa pode ficar leve e enxuta – sobretudo em períodos de declínio econômico –, vamos tratar agora de como a empresa pode ser cirúrgica na aquisição de participação de mercado dos concorrentes.

O problema diante do qual as empresas se encontram hoje é que no mercado há pescadores de mais e peixes de menos. É uma questão de almoçar ou ser almoçado – ou, como na frase de Gregory Rawlins: "Quem não é rolo compressor é estrada."

A tarefa inicial é identificar seus concorrentes. Como dizia Sun Tzu, filósofo da Antiguidade: "O tempo gasto com reconhecimento raramente é perdido." Preste atenção nos concorrentes que estão de olho no seu mercado e que tenham um mix de marketing mais ou menos parecido. Caso o orçamento de marketing deles seja substancialmente maior do que o seu, talvez seja o caso de você buscar outro segmento de mercado. Caso o orçamento de marketing deles seja substancialmente menor do que o seu, você pode atacar para matar.

Muitas vezes as empresas tomam essa decisão com base na identificação dos concorrentes que não estão atendendo bem os clientes. Isso pode acontecer por incompetência ou pelo fato de o concorrente estar priorizando outros setores do negócio – e, com isso, esse segmento de mercado pode ter deixado de receber atenção e financiamento prioritários. Esse é exatamente o tipo de concorrente a ser atacado, porque a empresa-mãe pode decidir se retirar do mercado quando esse concorrente estiver ferido e sob ataque. No entanto, é menos provável que isso aconteça se o concorrente atuar apenas nesse espaço de mercado. A RIM, fabricante dos celulares BlackBerry, lutou até o fim, porque aqueles aparelhos eram seu principal produto. Em 2013, a RIM passou a chamar-se BlackBerry. Seu foco foi redirecionado de celulares para software de cibersegurança.

Nesse caso, provavelmente a empresa terá bons concorrentes, que, por sua vez, estarão constantemente conquistando mais participação. Bons concorrentes são uma bênção, porque são companhias a serem estudadas, e não a serem atacadas. O que você deve procurar descobrir é: o que os faz vibrar? Quem são seus especialistas de marketing? E será que conseguiríamos seduzir alguns desses talentos a entrar para a nossa equipe?

Muitas vezes há concorrentes de empresas que direcionam todo o seu negócio para ser o número um ou número dois. Veja esta frase de Jack Welch, do tempo em que ele comandava a General Electric:

"Acreditávamos que apenas as empresas que eram número um ou número dois em seus mercados poderiam triunfar em uma arena global cada vez mais competitiva. Aquelas que não o fossem tinham que ser consertadas, fechadas ou vendidas."

A lição é: *Não ataque esse concorrente*. Ele não vai tolerar perder um único ponto percentual de participação de mercado. Essa é uma situação em que se deve aceitar ser um forte perseguidor. Esse foi, historicamente, o posicionamento da Ford em relação à GM. A Ford encontrou um nicho nas picapes em vez de nos carros sedã.

Outro ponto que não se pode esquecer: não fique tão obcecado com os concorrentes atuais a ponto de não perceber os concorrentes *emergentes*. Por exemplo, as montadoras de automóveis deveriam prestar atenção na Hyundai.

A Hyundai tem mostrado o maior crescimento em vendas de automóveis dentre todos os concorrentes, tanto no mercado americano quanto no europeu. Quando a Toyota e a Nissan começaram a passar por fiascos tecnológicos, a Hyundai passou a ganhar participação de mercado. Fazia carros de qualidade, mas cobrava por eles menos do que os concorrentes da mesma categoria, assim como a Lexus fez no começo, quando atacou a Mercedes. A Hyundai oferecia garantias sem precedentes, de dez anos ou 150 mil quilômetros, de motor e câmbio. E em 2010, durante a recessão, a Hyundai ofereceu a garantia de recompra aos clientes – sem fazer perguntas nem sujar o nome deles na praça – caso o comprador ou a compradora perdesse o emprego até um ano depois da compra.

Toda empresa deve lutar para superar a performance dos concorrentes, proporcionando uma oferta superior. A capacidade de aprender e se adaptar mais rapidamente do que seus concorrentes pode ser a única vantagem competitiva sustentável.

No fim das contas, é preciso atentar não apenas às novas tecnologias que surgem, mas àquilo que está acontecendo com os clientes. Os consumidores estão sempre mudando. Muitos profissionais de marketing ficam obcecados demais pela concorrência – o inimigo – em vez de se concentrarem nos clientes. Se for preciso optar entre apenas uma coisa, planejar derrotar o concorrente ou tentar realizar um trabalho notável para o cliente, escolha a última opção, como ilustra o exemplo a seguir.

A companhia aérea Jet Blue realizou um trabalho excepcional ficando de olho no cliente. Como as demais empresas aéreas, a Jet Blue sofreu com o forte declínio do tráfego aéreo quando sobreveio a Grande Recessão. Em 2009, a receita da empresa caiu mais 5%. No entanto, em 2012 a receita da Jet Blue cresceu 18,87%. A reviravolta veio com a criação de uma experiência de viagem inovadora, que levou a uma queda significativa do custo das viagens aéreas para o cliente. A Jet Blue instalou em suas aeronaves apenas assentos não reclináveis, o que permitiu acrescentar 40 assentos a cada avião. Estabeleceu uma tarifa extremamente baixa, 30% inferior à dos concorrentes. E estabeleceu uma série de cobranças: a água passou a custar 3 dólares. Uma taxa extra passou a ser cobrada pelo uso do compartimento superior de bagagem, e outra, de 10 dólares, para reservas feitas por telefone. Em razão dessas e de outras mudanças e tarifas, o lucro por avião da Jet Blue aumentou em 40%. Com taxas de ocupação dos voos entre 85% e 90%, a companhia reempacotou a experiência de voo para viajantes supereconômicos e passou a angariar bons lucros em uma economia de baixo crescimento.

▶ Conclusão

Pode haver muitos culpados na redução do crescimento de uma empresa: a desaceleração da economia, um concorrente novo e agressivo no mercado, mudanças nas preferências do consumidor, o envelhecimento da própria marca, entre outras incontáveis possibilidades. Em períodos assim, a empresa precisa examinar em profundidade sua missão, seus valores e suas ofertas. Ela pode ter acumulado gordura nos bons tempos; agora precisa ficar enxuta. É preciso realizar uma análise SWOT para reavaliar os pontos fortes e fracos, as oportunidades e as ameaças mais importantes. Sua empresa precisa superar qualquer fraqueza tanto na parte financeira quanto no marketing. Caso esteja deficiente em ambos, pode até ser melhor desistir. Se considerarmos que a análise SWOT trouxe esperança, a empresa deve reexaminar seu perfil e seu mix de marketing. Precisa refinar os mercados-alvo, bem como determinar de quais concorrentes pode "roubar" novos clientes. Crescer não exige apenas encontrar novos usuários e usos para aquilo que é oferecido, mas também determinar como mostrar ao cliente do concorrente que a sua empresa pode apresentar e entregar resultados melhores.

PERGUNTAS

1. Como você descreveria sua estratégia de crescimento? Ela se baseia, sobretudo, em um conhecimento profundo do cliente ou em roubar participação de mercado dos concorrentes?
2. Até que ponto você está bem preparado defensivamente? Como anda sua inteligência competitiva? Você implementou um sistema de alerta precoce? Já realizou uma sessão de planejamento por cenários? E, em caso afirmativo, isso ajudou?
3. Sua empresa conhece a lucratividade por produto, segmento, canal e cliente individual? Caso não conheça, o que está impedindo a contabilidade de custos de desenvolver um sistema desse tipo?
4. Em caso de um agravamento da recessão, o que você cortaria?
5. Você classificou suas ofertas de produtos em sucessos do passado, do presente e promessas para o amanhã? Seria desejável realocar verbas entre esses diferentes produtos?
6. Até que ponto você é capaz de justificar a verba de marketing apresentando a taxa de retorno sobre o investimento em marketing (ROMI)? Caso não consiga, que argumentos você apresentaria para justificar a verba que está pedindo?
7. Como você estabelece o objetivo de participação de mercado para o próximo período e como define as fontes distintas dos ganhos de participação de mercado previstos?

2 | Crescer criando consumidores e parceiros fiéis

O cliente é a visita mais importante em nossas lojas. Ele não depende de nós – nós é que dependemos dele. Ele não é um intruso em nosso negócio – é parte dele. Não fazemos nenhum favor ao servi-lo. Ele é que nos faz um favor ao nos dar a oportunidade de servi-lo.

– L. L. Bean Store, no estado americano do Maine

No final do capítulo anterior afirmamos que é mais importante ser obcecado por seu cliente do que por seu concorrente. Afinal, é o cliente, e não o concorrente, que determina quem vencerá a guerra.

Vivemos em um mundo caracterizado pela abundância de bens e serviços. Na verdade, quase toda mercadoria está disponível em excesso. Quem quer comprar um carro dispõe de inúmeros modelos para escolher; quem quer comprar um celular pode optar entre uma profusão de marcas; até quem vai construir uma fábrica pode escolher entre várias siderúrgicas e fábricas de cimento. Não vivemos em uma economia de escassez de mercadorias; pelo contrário, vivemos em uma economia do excesso. Só há uma coisa escassa: consumidores. Portanto, é o consumidor que está no centro da nossa luta. Então, como fazer para competir, vencer e reter o cliente?

Como o custo da perda e da reposição de clientes é demasiadamente elevado, o primordial é aprender a retê-los. Ao estudar a General Motors, John Goodman, da TARP – um dos maiores especialistas em fatores de satisfação do cliente –, concluiu que a empresa tinha que gastar cinco vezes mais para atrair um cliente novo do que para reter um cliente já existente.[1] Ele estima que em negócios B2B (*business-to-business*) essa relação pode chegar a algo entre 20 e 50 vezes. É justamente por isso que precisamos que os consumidores continuem voltando a fazer negócios conosco por estarem satisfeitos. No entanto, nem mesmo satisfazê-los é garantia de que não nos abandonarão se receberem uma oferta melhor. Daí a importância de encantá-los, transformando-os em fãs e defensores, que contam aos outros quão bons nossos produtos e serviços são. Mas como fazer isso?

Decorre daí outra constatação: nossa empresa não é a única que afeta o cliente. Ele é impactado por nossos empregados, fornecedores, distribuidores, varejistas, agentes e também pelo boca a boca. Por isso, como assegurar que esses parceiros estejam cumprindo seu papel?

Fazemos as seguintes perguntas ao avaliar o caminho do "cliente comprometido" para o crescimento:

1. Quais consumidores – e quais das necessidades deles – você quer satisfazer?
2. Quais são os estágios pelos quais o cliente tem que passar para se tornar mais comprometido e leal?
3. O que podemos fazer para melhorar o impacto de nossos empregados na satisfação do cliente?
4. O que podemos fazer para melhorar a performance dos demais parceiros?

Vamos analisar mais detalhadamente um por um.

▶ Quais consumidores – e quais as necessidades deles – você quer satisfazer?

Algumas empresas buscam o mercado de massa, supondo que todo mundo é um cliente em potencial. A Coca-Cola, por exemplo, considera que todos acham sua bebida refrescante; a Disney considera que todos gostariam de visitar seus parques temáticos. Apesar disso, existem pessoas que não gostam de tomar Coca-Cola e pessoas que não querem visitar os parques da Disney. Felizmente, esses mercados são grandes o bastante mesmo sem esses discordantes.

O contrário de um mercado de massa é um micromercado – e existem milhões de segmentos de micromercado, cada um querendo uma coisa diferente. O Esquema 2.1 apresenta um conjunto de micromercados bastante inusitados e específicos. Mark Penn, presidente da renomada empresa de pesquisas Penn, Schoen and Berland Associates, é um gênio da identificação de microgrupos que poderiam servir de meta para profissionais de marketing de nicho. O Esquema 2.1 relaciona alguns dos microgrupos de Penn, extraídos de uma lista muito mais extensa.

Esquema 2.1 Amostra de 14 microgrupos extraída de uma lista de 76 microgrupos

- Aposentados que trabalharam
- Trabalhadores em home office
- Famílias inter-raciais
- Evangélicos hispânicos
- Gente que odeia pegar sol
- Canhotos
- Saídos do armário tardiamente
- Sionistas cristãos
- Jovens que tricotam
- Crianças veganas
- Jovens tatuados
- Mães que levam os filhos às aulas de arco e flecha
- Empreendedores vietnamitas
- Fanáticos por cirurgias

Fonte: PENN, Mark J.; ZALESNE, E. Kinney. *Microtrends: The Small Forces Behind Tomorrow's Big Changes*.[2] Nova York: Twelve, Hachette Book Group, 2007.

Cada um desses microgrupos é uma oportunidade de marketing. Uma empresa pode resolver produzir muitas coisas diferentes para canhotos, por exemplo. Uma de *private equity* pode se interessar em direcionar investimentos para empreendedores vietnamitas. São muitos os grupos em que seria bem-vindo um profissional de marketing interessado.

No entanto, o tempo todo as empresas deixam passar esses microbolsões de crescimento porque estão acostumadas a pensar apenas em mercados amplos. O fato é que existem milhares de bolsões de crescimento em "economias de baixo crescimento", tanto quanto existem milhares de "bolsões de declínio" em mercados de alto crescimento. Um fabricante de sabonetes americano em busca de um novo negócio não deve entrar no mercado indiano só porque a Índia tem uma população enorme e vem tendo uma taxa de crescimento alta, porque a empresa constataria que o mercado de sabonetes está bem servido por concorrentes que já atuam na Índia. O truque é descobrir necessidades que passaram despercebidas, e que portanto os concorrentes não estão atendendo, e buscar regiões da Índia que não estejam sendo bem servidas pelos concorrentes atuais. Por exemplo, nos Estados Unidos a Burt's Bees é uma linha de produtos de cuidados pessoais renomada e acessível, que inclui sabonetes, amplamente disponíveis ao nicho de consumidores fiéis de produtos naturais e orgânicos. Muitas empresas encontram oportunidades de valor nos mercados locais e micro, e não nos mercados globais e macro. Elas precisam descentralizar e tornar mais locais as suas atividades. Essas unidades são as que apresentam maior probabilidade de identificar novas oportunidades de crescimento e de se movimentar com maior agilidade para explorá-las. Abaixo, um excelente exemplo de uma empresa que monitora seus clientes:

> A Mitchells, varejista de roupas com sede em Greenwich e Westport, no estado de Connecticut, é um negócio familiar milionário que atende uma base de clientes composta de homens e mulheres profissionais liberais de classe alta. A base de dados do sistema AS 32 da

IBM rastreia, um por um, os dados pessoais e preferências de cerca de 150 mil consumidores – incluindo tamanhos e estilos, bem como itens adquiridos e preços pagos. Jack Mitchell, presidente do conselho de administração e CEO da companhia, cuida pessoalmente dos dados de seus mil maiores clientes. Para usar sua metáfora favorita, o segredo do sucesso de Mitchell é "abraçar" o cliente.

O feedback informativo é crucial para ajudar os membros da equipe a atingir suas metas. Todas as manhãs, assistentes de vendas recebem na caixa de e-mails corporativa um resumo de cada venda feita na véspera. Cerca de duas semanas depois de cada venda, a base de dados gera um relatório de satisfação, que os assistentes usam para ligar para os clientes e perguntar sobre a experiência de compra. Relatórios de perfil são preparados diariamente, para medir quantos clientes foram perfilados e para oferecer aos assistentes oportunidades de atualizar o perfil de seus clientes ou pedir-lhes mais informações. Esses relatórios se tornaram uma ferramenta de gestão para a Mitchells medir o êxito dos assistentes.

A Mitchells emprega cerca de 200 pessoas, e Jack Mitchell estende sua filosofia de microgestão à equipe, realizando reuniões e eventos sociais regulares e enviando parabéns às famílias deles. Mitchell também telefona pessoalmente a dois segmentos-chave: (1) clientes que realizaram compras com valores superiores a mil dólares por visita e (2) clientes novos. Os clientes novos não podem escapar, porque entre eles há possíveis clientes de classe alta fazendo a primeira visita. Eles têm que ser "abraçados" para retornarem.[3]

Um dos segredos para um marketing bem-sucedido é descobrir que tipos de cliente você quer atingir, conquistar e reter. Se não conseguir definir seu *mercado-alvo*, não será capaz de definir sua *proposta de valor*. Não basta dizer que seu produto é "bom", "excelente" ou "superior"; esses termos nada significam. Como exatamente o seu produto é "bom"? Digamos que você venda relógios de parede. Você está falando de um relógio que não atrasa, que pode ser lido a 10 metros de distância, que pode tocar um alarme ou que acende no escuro? Obviamente, trata-se de características com apelo a diferentes clientes, o que ajuda a definir o tipo de consumidor a quem você deseja vender e as necessidades dele.

Identificamos grupos diferentes de consumidores aplicando a *segmentação de mercado*. Um segmento de mercado é composto de indivíduos com características, necessidades e desejos suficientemente similares. Podemos agregar essas pessoas em diferentes grupos etários, de renda e de estilo de vida. Dentro de um grupo etário ou de gênero específico – digamos, adolescentes do sexo masculino – podemos aprofundar essa distinção: "jovens metrossexuais"; "*technosapiens*", "meninos de sangue quente", "introspectivos", entre outros.[4] Se fabricássemos calças jeans ou vendêssemos relógios de pulso, seria preciso ajustar o produto, o preço, o posicionamento e as promoções a cada grupo que decidirmos atender.

Sempre existem microbolsões de crescimento. Basta pensar no rápido crescimento das "lojas de 1,99" em economias em recessão ou no crescimento das vendas dos carros sul-coreanos da Kia e da Hyundai nos Estados Unidos durante a recessão. Quando o ambientalismo se torna moda e símbolo de status econômico, há quem decida comprar um carro menor e de consumo mais eficiente, como o Toyota Prius, em vez do imponente Cadillac da General Motors. De modo geral, em todo ciclo econômico, enquanto algumas empresas entram em decadência, outras entram em ascensão.

Não existe um método único para subdividir um mercado em segmentos. O profissional de marketing inteligente e criativo é capaz de imaginar diversas subdivisões e, em alguns casos, identificar uma nova, que abre um leque de possibilidades. Por exemplo, por que não segmentar o mercado de ração canina pela atitude do dono do cão em relação a seu animal, e não em função do tamanho e da idade do cão? Alguns proprietários de cães imaginam seus pets como verdadeiros filhos, dos quais cuidam com carinho, servindo comida de primeira e oferecendo mimos ocasionais como recompensa quando aprendem algo novo. Outros proprietários enxergam o cão como um companheiro que está sempre ao lado deles e simplesmente merece uma boa refeição. Por fim, há proprietários que odeiam seus cães, enxergam-nos como um fardo e compram a ração mais barata possível. Provavelmente, uma segmentação assim levará a ideias novas para o fabricante de ração canina. Por exemplo, o apaixonado por cães provavelmente daria a seu cão a marca Quantum, que apregoa que sua ração é livre de glúten, soja e derivados de leite e de carne; é rica em óleo, que mantém a pele e o pelo mais saudáveis; e cuja composição é menos nociva para os cães que sofrem de alergias alimentares.

Na verdade, uma das maiores buscas atuais é por ideias inovadoras sobre o consumidor – de preferência, ideias *transformacionais*. É preciso aplicar a microssegmentação na busca de *nichos de mercado* desprezados. Esse termo, em geral, se refere a clientes que têm necessidades semelhantes ou um conjunto de necessidades que costuma ser altamente específico. É provável que existam um ou dois fornecedores que achariam lucrativo atender esse nicho. Por exemplo, em uma grande cidade, pode ser que existam algumas centenas de casas ou restaurantes que possuem um aquário de peixes tropicais. Esses proprietários de aquários precisam fornecer a seus peixes tropicais a alimentação correta – e pode ser que exista apenas um produtor especializado no fornecimento de ração para peixes tropicais. Esse fornecedor será bem conhecido pelos proprietários de aquários mundo afora, que dele dependem. A Tetra, uma empresa alemã, é um exemplo disso: possui participação de mercado mundial hegemônica pela alta qualidade de sua ração para peixes tropicais.

Existem milhares de nichos assim. Alguns podem estar em expansão, ao passo que outros estão em declínio ou em vias de desaparecimento. Mas é possível ganhar dinheiro pensando em nichos – em inglês, existe até a expressão *In niches there are riches* (Nos nichos se escondem tesouros). Isso não significa que o dominador ou líder de um nicho deva extorquir o consumidor dependente. Na verdade, o profissional de marketing de nicho tende a cuidar muito bem dos clientes, porque é a empresa que é altamente dependente da confiança desse grupo específico de consumidores.

Uma estratégia de segurança para o dominador de um nicho é posicionar-se como líder em dois ou três nichos, para o caso de um deles se esgotar. Carros dependem de quatro pneus, por isso os donos deles levam um estepe – para o caso de um dos pneus furar.

O excelente livro *As campeãs ocultas*, de Hermann Simon, retrata um grande número de empresas especializadas em nichos.[5] Muitas são globais, altamente lucrativas, que a maioria de nós desconhece, mas que possuem uma fatia considerável de um mercado global de nichos (veja Esquema 2.2). Simon descreve várias dessas empresas e suas estratégias. Seu livro é uma excelente fonte de ideias.

Esquema 2.2 Campeãs ocultas com fatias do mercado mundial de 70% ou mais

EMPRESA	PRODUTO PRINCIPAL	PARTICIPAÇÃO DE MERCADO MUNDIAL
Dr. Suwelack	Colágeno	100%
SkySails	Velas de propulsão para navios	100%
Gerriets	Cortinas de teatro e equipamento de palco	100%
Ulvac	Revestimento de painéis de cristal líquido	96%
G. W. Barth	Sistemas de processamento de cacau	90%
GKD-Gebr.Kufferath	Malhas metálicas	90%
Kirow Leipzig	Guindastes ferroviários	85%
Alki-Technik	Sistemas de torque especiais	80%
Delo	Adesivos para chips de *smart cards*	80%

EMPRESA	PRODUTO PRINCIPAL	PARTICIPAÇÃO DE MERCADO MUNDIAL
Nissha	Minipainéis *touch*	80%
ScheBoBiotech	Biotecnologia de diagnóstico *in vitro*	80%
Kern-Liebers	Molas para cintos de segurança	80%
Weckerie	Tubos de batom	80%
TEXPA	Máquinas de processamento têxtil caseiras	75%
Achenbach Buschhutten	Laminadores de alumínio e filtros de laminadores	70%
Karl Mayer	Teares circulares	70%
Omicron	Microscópios de tunelamento	70%
Tente Rollen	Rodas de camas hospitalares	70%
Wirtgen	Recicladoras de solos	70%

Fonte: SIMON, Hermann. *Hidden Champions of the 21th Century.* Bonn: Springer, 2009, p. 73.

Muitos empreendedores pensam que as melhores oportunidades estão na busca de setores novos, sobretudo no espaço digital. Mas não se deve jamais cometer o equívoco de desprezar os setores antigos. A siderurgia é um setor antigo e, embora várias grandes siderúrgicas estejam sofrendo com a crise, a Nucor e outras miniusinas sopraram vida nova no setor do aço.

Pense no exemplo do setor cafeicultor, que tem 900 anos, nasceu na Etiópia, passou para a Turquia e depois chegou à Europa. A maioria de nós compra café no supermercado, empacotado, ou pede café no restaurante. Mas nas últimas três décadas um negócio multibilionário relacionado ao café – a Starbucks – foi montado por Howard Schultz, que em 1988 teve uma visão inovadora de oferecer ao mundo inteiro uma "experiência de café plena e recompensadora", o mantra do marketing da Starbucks.

Da mesma forma, as livrarias estão por aí desde que Gutenberg inventou um novo método de impressão, lá pelos meados do século XV. Todas as livrarias surgidas nos seiscentos anos subsequentes eram bem pequenas, abarrotadas de prateleiras e livros, e pouca coisa a mais. Pode ser que algumas servissem café – mas nenhuma inovação no serviço ocorreu até o dia em que Leonard Riggio comprou a livraria Barnes and Noble, em Nova York, em 1971, e lançou os grandes descontos em livros. Riggio foi mais longe e transformou uma livraria em um destino não apenas para compradores de livros, mas para gente em busca de um lugar confortável para sentar-se, encontrar os amigos, tomar um café com um docinho e assistir a palestras literárias.

Os fabricantes de brinquedos fazem bonecas para meninas há centenas de anos; elas até se tornaram itens de colecionador. Mas foi preciso que a Mattel Company lançasse a boneca Barbie, que se tornou o brinquedo mais lucrativo de todos os tempos. A Barbie não é como as bonecas tradicionais que eram vendidas, e sim uma jovem atraente, vendida em todos os países, usando todo tipo de roupa. Assim, ela tornou-se um brinquedo colecionável por jovens do mundo inteiro.

Famílias comem pizza há centenas de anos – ou assando-as em casa, ou indo até uma pizzaria. Mas foi a rede Domino's Pizza, inaugurada nos anos 1960, a primeira a pensar em entregar pizza quentinha e feita na hora na casa do cliente em até meia hora depois de o pedido ter sido por telefone – se demorasse mais, nada seria cobrado. Tom Monaghan e sua empresa merecem crédito pelo pensamento original em um setor que, até então, era visto como maduro.

Os serviços postais estavam bem consolidados na maioria dos países havia centenas de anos. Os cidadãos usavam os correios para enviar correspondência, na expectativa de que fosse entregue em alguns dias, no máximo em uma semana. Ninguém poderia imaginar que os correios pudessem entregar correspondências da noite para o dia – quer dizer, até que Fred Smith fundou a Federal Express, em abril de 1973. Ele teve a ideia do correio entregue de um dia para outro quando era aluno de Yale, mas seu professor achou que a ideia era impraticável. Na concepção de Smith, toda a correspondência seria levada para uma central – em Memphis, no estado do Tennessee – a cada noite, triada e enviada ao destino certo de modo a chegar todas as manhãs antes das 10h30. A FedEx transformou para sempre a velocidade com que podemos postar cartas e pacotes.

Tudo isso faz lembrar o famoso artigo de Theodore Levitt na *Harvard Business Review*, em 1960, sobre setores maduros.[6] Levitt estava cansado de ouvir gestores reclamando que não era possível crescer mais porque seus setores estavam muito "maduros". A opinião dele: dizer que seu setor está maduro é derrotista e demonstra falta de imaginação de marketing.

A nossa mensagem: vale a pena rever todo setor maduro em busca de ideias novas em potencial.

▷ **Quais são os estágios pelos quais o cliente tem que passar para se tornar mais comprometido e leal?**

Todo cliente novo faz sua compra com certo conjunto de expectativas em relação ao produto ou serviço que está adquirindo – e em relação à empresa que o fornece. Quando essas expectativas são atendidas ou excedidas, é provável que o cliente volte para comprar de novo desse mesmo fornecedor. A esperança da empresa é que o cliente atravesse os seguintes estágios:

Consumidor satisfeito → Consumidor fiel → Consumidor defensor → Consumidor cocriador → Consumidor proprietário

Evitar se gabar dos "clientes satisfeitos" é uma prova de sabedoria. A Cadillac, por exemplo, perdeu muita participação de mercado apesar das altas notas de "satisfação do cliente" quando a Mercedes e a BMW apareceram. Isso ensina uma lição importante: a empresa precisa ir além de simplesmente *satisfazer* o cliente.

O consumidor satisfeito provavelmente se transformará em consumidor fiel quando receber satisfação substancialmente *maior* do que a esperada. O objetivo é – e sempre deve ser – *encantar* o cliente. A fim de conseguir isso, o produto deve ter uma performance significativamente superior aos produtos concorrentes. A equipe deve demonstrar um interesse especial pelo cliente e reagir de forma rápida e sensata às demandas dele. A empresa deve ser generosa no tratamento de devoluções e ao oferecer orientações.

Várias empresas se tornaram famosas por terem gerado clientes encantados e entusiasmados por sua marca. Basta entrar em uma Apple Store para constatar a multidão de clientes empolgados experimentando os novos produtos. Ou perguntar a qualquer dono de uma Harley-Davidson como se sente em relação à motocicleta que pilota. Ou conversar com os militares clientes da USAA, banco e seguradora, sobre o grau de satisfação com a empresa. Ou ainda procurar saber como os clientes da Enterprise Rent-a-Car se sentem em relação ao serviço que a marca proporciona a eles.

Seus clientes fiéis são os melhores a serem levados em conta na hora de planejar as ofertas futuras, uma vez que são clientes que você conhece – ao contrário dos não clientes. É preciso fazer as seguintes perguntas: o que mais posso fazer pelos meus clientes? Que outras necessidades eles têm que eu posso satisfazer? E eis um excelente exemplo de empresa que fez essas perguntas – e as respondeu corretamente:

> A Euclid é uma empresa de limpeza que pertence à mesma família há quatro gerações e possui um toque pessoal marcante na relação com os clientes. Para manter uma equipe leal em meio ao declínio do setor industrial de Cleveland, onde está localizada, a Euclid lançou serviços paralelos, que vão da limpeza básica de escritórios – a área de atuação original – aos trabalhos de zeladoria, limpeza industrial, lavagem de tapetes, lavagem de paredes, ma-

nutenção de pisos, limpeza de revestimentos acústicos, limpeza de obras, limpeza de dutos, aluguel e venda de carpetes corporativos, passando a atender praticamente qualquer demanda dos consumidores. Os clientes da região de Cleveland pediram à Euclid que abrisse centros de assistência técnica em outras cidades para as quais estavam se expandindo. Assim, a General Electric levou equipes de manutenção industrial da Euclid para Anaheim, Atlanta, St. Louis, Nova Orleans, Tampa e Mobile. Por conta da flexibilidade e da responsividade pelas necessidades do cliente, a Euclid estuda no futuro aumentar a especialização em diversas áreas – como limpeza de obras, limpeza de cozinhas, limpeza e manutenção de exaustores e dutos –, sem deixar de cuidar de onde tudo começou: limpeza de janelas e serviço de zeladoria.[7]

Um cliente fiel tem maior probabilidade de se tornar um *cliente defensor* – mesmo que isso não lhe seja pedido diretamente. Mas a pergunta que precisa ser feita é: "Você se sentiria confortável recomendando nossa empresa a amigos e conhecidos?" Essa foi a pergunta sugerida por Frederick Reichheld, autor de livros de negócios, no artigo publicado na *Harvard Business Review* de dezembro de 2003 intitulado "O número de que você precisa para crescer".[8] No artigo, Reichheld recomenda que as empresas deem às respostas dos clientes a essa pergunta uma nota, em uma escala de 1 a 10. A nota 10 seria quando o(a) cliente recomenda regularmente a organização; 9, se o(a) cliente recomenda ocasionalmente; 8, se o(a) cliente diz que se sentiria confortável em recomendar; e assim por diante até 1 para o(a) cliente que diz que na verdade *não gosta* da empresa e até diria aos amigos para evitá-la. Um índice, batizado de *Net Promotion Score* (Escore Promocional Líquido, ou NPS), é obtido pegando-se o percentual de notas 8, 9 e 10 e subtraindo o percentual de notas entre 1 e 6. Supostamente, quanto maior o escore promocional líquido, mais forte o boca a boca positivo – e, portanto, a lucratividade provavelmente será.

O cliente defensor pode até se tornar um cliente cocriador. Esse seria o cliente que quer se envolver e ajudar a empresa a aprimorar seus produtos, serviços, anúncios e assim por diante. Pense nos fãs da Harley-Davidson, que a empresa convida a interagir com seus engenheiros para sugerir melhorias nas motos. Outro exemplo são os jovens dinamarqueses que pediram à Lego que ajudasse os projetistas da marca a criar novas estruturas de Lego, ou os entusiastas dos salgadinhos Dorito's que propuseram milhares de campanhas publicitárias para análise da empresa.

Em um livro chamado *The Ownership Quotient* (O quociente do proprietário), James Heskett, Earl Sasser e Joe Wheeler, especialistas em negócios e autores de vários livros, propõem uma definição para o nível mais alto de cliente, que eles chamam de "cliente proprietário". "Um *cliente proprietário* é aquele que experimenta um produto ou serviço e fica tão satisfeito que volta para comprar mais, declara a disposição a contar a outros sobre suas experiências, chega a convencer outros a comprar, proporciona crítica construtiva das ofertas existentes e até sugere ou ajuda a testar novos produtos e ideias." O verdadeiro sinal de que uma empresa está conseguindo estabelecer um vínculo com o consumidor é o percentual de seus clientes que ela pode chamar de "clientes proprietários".[9]

O desafio, então, passa a ser determinar que ações as empresas podem adotar para aumentar o número de clientes leais e entusiásticos. Vários livros foram escritos a respeito – inclusive alguns com títulos como *Buzzmarketing: criando consumidores evangelistas*, *The Power of Cult Branding* (O poder do culto à marca) e *Creating Raving Fans* (Criando fãs apaixonados).[10] São livros que discutem métodos que incluem diferenciação, customização, personalização, criação de experiências, serviço excepcional e criação de uma base de fãs que ajude igrejas, equipes esportivas e profissionais do entretenimento a criar fãs leais. O Esquema 2.3 relaciona diversas ações que prometem gerar mais clientes leais.

Esquema 2.3 Ações que produzem mais clientes leais

1. Serviço extraordinário
2. Garantias extraordinárias
3. Treinamento e consultoria de clientes
4. Fornecimento de software/hardware
5. Oferta de entretenimento/brindes
6. Gestão da complexidade do cliente
7. Programas de prêmios por fidelidade
8. Programas de clube de associados

Todos esses itens representam possibilidades promissoras para sua empresa se diferenciar e customizar o relacionamento com o cliente. No livro *Strategic Customer Service* (Atendimento estratégico ao cliente), John Goodman menciona dois exemplos desse tipo de toque marcante que tanto importa para os clientes.[11] Um é o caso da Allstate Insurance, seguradora ciente de que muitos compradores de apólices se preocupam com os filhos adolescentes que têm. Por isso, enviaram aos pais de adolescentes um folheto sobre "Como conversar com seu filho sobre direção" – atitude que foi muito apreciada pelos clientes. Em outro exemplo, um funcionário da American Auto Association (AAA) chegou para rebocar o carro de uma mulher que aguardava no calor. Antes de qualquer coisa, ele deu a ela uma garrafa de água gelada e pediu desculpas pelo atraso – mesmo tendo chegado adiantado. Na vida, pequenas coisas podem fazer uma grande diferença.

▶ O que podemos fazer para melhorar o impacto de nossos empregados na satisfação do cliente?

O cliente é influenciado por *tudo* que vê e ouve quando interage com uma empresa. Ele sente o clima dentro do prédio ou da loja e se dá conta das atitudes e da prestatividade dos funcionários. É exatamente por esse motivo que as empresas precisam selecionar com muito cuidado quem contratam e montar um programa de treinamento muito bem pensado para capacitá-los a atender os clientes. Nesse aspecto, a Disney é uma empresa-modelo: seleciona com o máximo cuidado os membros da equipe e os faz passar por um programa de treinamento de uma semana (e às vezes mais) antes de encontrarem e saudarem um visitante que chega aos parques da Disney. Os hotéis Four Seasons são outra marca renomada por despender um tempo considerável na seleção e no treinamento de seus empregados, no programa Putting Guests First (Colocando o hóspede em primeiro lugar).

Que tipo de atitude em relação aos clientes as empresas deveriam tentar introduzir no modo de pensar e agir de seus empregados? O Esquema 2.4 apresenta uma coletânea de "declarações de importância do cliente" que as empresas deveriam compartilhar com seus empregados.

Esquema 2.4 Declarações de importância do cliente

- O objetivo de uma empresa é "criar clientes (...). O único centro de lucro é o cliente". (Peter Drucker)
- "O cliente que reclama é meu melhor amigo." (Stew Leonard)
- "Regra número 1: O cliente sempre tem razão. Regra número 2: Se um dia o cliente estiver errado, leia a Regra número 1." (Stew Leonard)
- "O cliente é o único que pode demitir todos nós." (Sam Walton)
- "A melhor maneira de reter seu cliente é descobrir sempre como lhe dar mais por menos." (Jack Welch)
- "Você tem um novo chefe... o cliente. Se você não estiver pensando no cliente, não está pensando." (Anônimo)
- "Nunca subestime o poder do consumidor irritado." (Joel E. Ross e Michael J. Kami)
- "Se não formos dirigidos pelo cliente, nossos carros também não serão." (Ford Motor)

- "Faça um cliente, não uma venda." (Katherine Barchetti)
- "Cada cliente que você retém é menos um que precisa encontrar." (Niger Sanders)
- "O objetivo de um negócio é criar um cliente que crie clientes." (Sriv Singh)
- "O bom serviço ao cliente custa menos que o mau serviço ao cliente." (Sally Gronow)
- "O serviço ao cliente não é um setor, é a função de todos." (Anônimo)
- "Lute para descobrir o que o consumidor gosta e faça mais; lute para descobrir o que o consumidor não gosta e faça menos." (Anônimo)
- "As melhores empresas não criam clientes, criam fãs." (Ken Blanchard)
- "Em vez de enxergar um cliente em cada pessoa, temos que enxergar uma pessoa em cada cliente." (Jan Carlson)
- "Sempre tente satisfazer os clientes mais difíceis, assim será fácil satisfazer o restante." (Anônimo)
- "Se não for capaz de sorrir, não abra uma loja." (provérbio chinês)

Empresas bem-sucedidas em relação aos empregados enxergam o desenvolvimento de um serviço de qualidade ao cliente como uma tarefa de "marketing interno". Tratam o empregado da mesma forma que querem ver os empregados tratando os clientes; importam-se e perguntam sobre as necessidades, os desejos, os valores e a satisfação dos funcionários. Querem estabelecer remuneração, horários, expectativas e ambientes sociais que sejam compatíveis com as necessidades e os desejos deles. Querem que os empregados *gostem* de trabalhar para a empresa, tenham em alta conta a qualidade dos produtos e serviços, considerem a empresa bem administrada e sintam orgulho de trabalhar nela. Todos os anos, diversas revistas publicam listas das "melhores empresas para trabalhar" – informação levantada em pesquisas com empregados autênticos de diversas companhias. E não chega a surpreender que quem está procurando emprego costume preferir se candidatar a empresas com um ranking elevado de satisfação dos funcionários.

Claramente, a maioria das empresas espera ter um percentual elevado de empregados altamente motivados – aqueles que se encaixariam na descrição de "empregados proprietários". Mais especificamente, as empresas desejam uma situação na qual *"empregados proprietários* demonstrem seu senso de propriedade por meio de lealdade, de referências a outros empregados de potencial elevado e sugestões para aprimorar a qualidade dos processos e do ambiente de trabalho, bem como a eficiência geral da empresa no atendimento ao cliente".[12]

Apesar desses esforços, continuarão a existir diferenças no que diz respeito à habilidade dos empregados no relacionamento com o cliente. É provável que os membros da equipe se dividam entre as cinco categorias de fidelidade dos empregados, mostradas no Esquema 2.5.[13]

Esquema 2.5 As cinco categorias de fidelidade dos empregados

Embaixadores dos empregados (advogados). No grau mais ativo, representam empregados fortemente comprometidos com a promessa da marca, com a organização em si e seus clientes. Além disso, o que é importante, comportam-se e se comunicam de maneira positiva em relação à empresa, tanto dentro quanto fora dela.

Fiéis positivos. Empregados que demonstram sentimentos positivos em relação ao cargo e uma ligação emocional com a empresa. Em geral, são favoráveis à empresa, têm a firme intenção de permanecer nela e agem de forma ativa e positiva em seu nome. Embora não falem com frequência sobre a empresa, quando o fazem, as mensagens são amplamente positivas.

Contribuidores positivos. Empregados que, em geral, estão satisfeitos com seus empregos, mas são entre ambíguos e moderadamente positivos em relação à empresa como um todo, à sua ligação com ela e com seus produtos. Podem até comunicar algumas mensagens, em geral positivas, sobre a empresa para outras pessoas, mas o fazem de forma rara e inconstante.

Ocupadores de vaga desinteressados. Empregados que carecem de interesse, postura favorável ou vínculo com a empresa e seus produtos. Não comunicam mensagens positivas sobre a empresa nem mensagem alguma, seja interna, seja externamente. Para esses membros de equipes minimamente envolvidos, a vaga é "só um emprego" e pouco além disso.

Empregados sabotadores. Aqueles que, embora ainda recebam pagamento da empresa, são detratores atuantes e muitas vezes ruidosos em relação à organização em si, sua cultura e suas políticas, seus produtos e serviços. Esses indivíduos são porta-vozes às avessas, comunicando suas opiniões negativas e pontos de vista desfavoráveis tanto aos pares da empresa quanto aos clientes e outras pessoas externas.

Os diferentes níveis detalhados acima deixam claro que as empresas precisam monitorar o comportamento de seus empregados. Aqueles pertencentes às três últimas categorias pouco fazem para gerar clientes fiéis e, na verdade, podem até fazer a empresa perder clientes fiéis. Essa é uma das razões pelas quais é crucial realizar avaliações de desempenho periódicas dos funcionários. Esse problema se torna ainda mais grave quando obstáculos impedem a empresa de desfazer o vínculo com os empregados de desempenho fraco.

No esforço para motivar quem trabalha para elas, algumas empresas substituíram o termo "empregados" por outros, como "associados" ou "parceiros" – qualquer coisa que propicie aos empregados um sentimento de propriedade em relação à empresa e seus resultados. A revista *Fortune* realiza anualmente um amplo levantamento para ranquear as 100 Melhores Empresas para Trabalhar. As dez maiores de 2012 foram, pela ordem, Google, Boston Consulting Group, SAS Institute, Wegmans Food Markets, Edward Jones, NetApp, Camden Property Trust, Recreational Equipment (REI), CHG Healthcare Services e Quicken Loans.

▶ O que podemos fazer para melhorar a performance dos demais parceiros?

Seus clientes são impactados o tempo todo por outros parceiros – distribuidores, varejistas, agentes, corretores, agências de publicidade, entre outros fornecedores. Precisamos trabalhar com essas diferentes entidades para gerenciar uma cadeia de abastecimento interdependente, que leva ao consumidor final.

Vamos analisar uma rede como a Denny's Restaurants, que cuida de 1.500 unidades nos Estados Unidos, tem 47 mil empregados, fica aberta 24 horas por dia e serve 150 itens de cardápio a um milhão de consumidores todos os dias. O desafio da Denny's é definir como atingir um serviço de alta qualidade no sistema inteiro – da acolhida ao cliente na cozinha, passando por limpeza das mesas, lavagem de pratos e recebimento dos pagamentos, bem como abastecimento de insumos e equipamentos. Para fazer tudo isso, a companhia depende intensamente de *todos* os fornecedores dessa cadeia.

Tudo isso nos leva ao fato de que toda empresa é um negócio de *gente*. Os parceiros são gente, e gente com todo tipo de valores, esperanças, sonhos e problemas. Portanto, cada organização específica precisa descobrir os valores de cada grupo de parceiros e dar o melhor de si para atender suas expectativas.

Sem querer oferecer respostas prontas, é preciso ter clareza em relação a uma coisa: o sucesso de uma empresa depende muito mais do conjunto de parceiros e da qualidade e motivação desses parceiros do que da empresa propriamente dita. Se a Levi's trabalhar com um conjunto de parceiros superior e mais motivado do que sua concorrente, a Wrangler, é provável que supere a Wrangler no mercado.

Conclusão

Quanto maior a precisão ao definir seu cliente-alvo e elaborar uma proposta vencedora, maior a probabilidade de que seus clientes prefiram fazer negócio com você. O custo para atender clientes que já são leais é muito menor do que o custo de buscar novos clientes para substituir aqueles que você perder. O objetivo é fazer os clientes subirem de estágio na escala – de satisfeitos a leais, e depois passando para clientes defensores, clientes cocriadores e clientes proprietários. Para isso, você também precisa fazer seus empregados subirem de estágio na própria escala – de ocupadores de vaga desinteressados a contribuidores passivos e, por fim, embaixadores dos empregados. O mesmo pode ser dito a respeito de fazer os fornecedores e os distribuidores ascenderem na escala de envolvimento.

PERGUNTAS

1. Descreva um dos seus grupos de clientes-alvo. Você consegue definir bem esse grupo? Deveria expandir ou estreitar essa definição?
2. Você estimou o custo do cliente perdido e o custo de substituição desse cliente? Discuta as conclusões às quais chegou.
3. Suponha que seja capaz de realizar o esforço de melhorar a lealdade do cliente (veja o Esquema 2.3). O que custaria? Que retorno poderia ser esperado? Descreva esse esforço.
4. Que percentual dos seus clientes você chamaria de *fiéis*? Eles estão satisfeitos? Quantos estão empolgados? O que você faria para aumentar esse percentual?
5. Você diria que um número suficiente dos seus empregados é altamente envolvido e atua como empregado proprietário? Em caso negativo, por que não? Que políticas você pode implementar para melhorar a lealdade dos empregados?
6. Como você pode fazer os membros dos canais de abastecimento e distribuição se sentirem mais como *parceiros*?

3 | Crescer desenvolvendo uma marca poderosa

A marca de uma empresa é como a reputação de uma pessoa. Você pode merecer sua reputação fazendo coisas difíceis bem-feitas.

– Jeff Bezos, Amazon

Toda empresa é uma marca, mesmo que não realize nenhuma atividade diretamente relacionada a marcas. O simples fato de a empresa existir e realizar atividades de compra e venda cria uma imagem na mente de todos que ouvem falar ou fazem negócios com ela. São pessoas que provavelmente conseguirão citar uma ou duas coisas a respeito da companhia. Quando há muita convergência dessas imagens, podemos afirmar que a empresa possui uma imagem de marca bem definida. A única questão é se ela está satisfeita com sua imagem de marca ou se gostaria de geri-la melhor. A empresa faz um *branding* relevante quando tenta adquirir determinada reputação – que tenha força e consistência no mercado.

Isso não significa que a empresa esteja tentando projetar a mesma imagem para todos os grupos. O McDonald's, por exemplo, almeja uma mensagem ligeiramente diferente para mães, adolescentes e idosos em relação àquilo que eles podem vir a comer nas lanchonetes. Se a Boeing, fabricante de aeronaves, quiser tentar obter um contrato da United Airlines, ela vai ressaltar diferentes qualidades ao conversar com os engenheiros, a área de compras, o diretor financeiro e o CEO da companhia – uma vez que cada envolvido da United levará em conta questões diferentes durante o processo de aquisição. A empresa precisa que suas mensagens de marca sejam compatíveis e coerentes com a percepção da Boeing como um todo.

Precisamos distinguir aqui três conceitos diferentes relacionados à marca: *integridade, identidade* e *imagem* da marca. O planejamento precisa começar com a integridade da marca, por ser o ponto em que a empresa avalia com franqueza aquilo que é capaz de entregar e cumprir em relação aos clientes e aos *prospects* (consumidores em potencial). A integridade da marca é a promessa de valor da empresa, a chave para criar confiança no cliente. A partir dessa base, a empresa pode passar ao desenvolvimento da identidade de marca – mais especificamente, declarar como ela quer ser vista pelos outros. A identidade de marca envolve o posicionamento como determinado tipo de empresa. O passo seguinte é decidir qual será a imagem de marca da empresa ou, em outras palavras, como ela parece se diferenciar dos concorrentes. Sem uma diferenciação significativa, a imagem da empresa seria a mesma de outro concorrente indistinto ou seria invisível diante de um concorrente diferenciado. Passos adicionais são adotados posteriormente para elaborar elementos e identidade visual específicos da marca.

Vamos aplicar essa sequência de planejamento de marca à Timberland (ver Esquema 3.1), empresa que produz calçados e acessórios para caminhada em trilhas. A integridade de marca da Timberland se assenta sobre sua tecnologia precocemente inovadora de calçados moldados e o fato de ter feito o primeiro *branding* de botas nos Estados Unidos. A Timberland obtém sua identidade de marca através de seu posicionamento na categoria de marcas voltadas para atividades ao ar livre capazes de criar e propor acessórios e calçados. Em seguida, porém, ela constrói sua imagem de marca com diferenciadores como o fato de ser engajada em causas sociais, apoiar a proteção do meio ambiente e lutar pelos direitos humanos no mundo todo. No fim das contas, a Timberland tem uma imagem altamente positiva entre seus parceiros e atraiu um grande número de seguidores.

Esquema 3.1 O modelo dos três "is" ilustrado pela Timberland

Integridade da marca

POSICIONAMENTO
A empresa "do bem" que faz calçados e acessórios para atividades ao ar livre

DIFERENCIAÇÃO
- Cidadania engajada
- Apoio ambientalista
- Direitos humanos globais

3i

Identidade da marca

Imagem da marca

MARCA
Timberland

Embora as empresas façam um grande esforço para elaborar sua imagem de marca, nem sempre elas conseguem muito bem o que desejam – haja vista que diversas forças além de seu controle também podem afetar sua imagem. Vejamos a imagem de marca da Walmart – rede cujo foco original era totalmente voltado para oferecer o menor preço. No momento em que a Walmart foi criticada por não se preocupar com seu impacto ambiental, a companhia tomou atitudes positivas e agregou à sua imagem uma camada de responsabilidade ambiental. Dessa forma, a Walmart trocou sua frota de caminhões para reduzir a emissão de carbono e também incentivou os fornecedores a adquirirem e utilizarem caminhões energeticamente mais eficientes, caso quisessem continuar a ter a Walmart como cliente. Depois, quando a empresa foi criticada por pagar salários baixos e por não tratar tão bem seus funcionários, tomou medidas para aprimorar suas práticas empregatícias. As empresas precisam atualizar suas práticas e sua imagem o tempo todo à medida que afloram novas questões. No passado, a Walmart foi acusada de pagar propina para obter novos terrenos no México – mais uma coisa que prejudicou a marca. A lição é clara: por mais que uma empresa tente *controlar* cuidadosamente sua imagem, sua reputação sempre está sujeita a forças que vão além de seu controle. Nesse caso, o melhor que ela tem a fazer é reagir rapidamente.

Há muitas empresas cujos produtos são fonte de críticas – de fabricantes de cigarros e bebidas alcoólicas a marcas como McDonald's e Coca-Cola. Elas são acusadas de contribuir fortemente para o nível de obesidade crescente da população americana. São as mesmas que dão o melhor de si para apoiar causas do bem e demonstrar responsabilidade cidadã – esforços realizados para gerar um capital de boa vontade. Essas empresas não sabem quando vai surgir o próximo Ralph Nader (que denunciou a insegurança dos automóveis nos anos 1960), atraindo enorme atenção para seus malefícios e colocando-as na defensiva. Por isso, esperam conquistar "amigos" suficientes por meio da filantropia, para manter sob controle os danos à marca.

Considerando o elevado potencial de contribuição que o *branding* pode dar ao crescimento da empresa, pedimos que você reflita sobre as seguintes perguntas:

1. De que maneiras o desenvolvimento de uma marca forte aumenta o potencial de crescimento da empresa?
2. É possível fazer *branding* com *tudo*?
3. Que elementos compõem a marca de uma empresa?
4. Quais são as características de uma marca forte?
5. Quais são as principais ferramentas de construção de uma marca?
6. Até que ponto se pode expandir uma marca sem correr o risco de fazê-la perder o sentido?
7. Como a empresa pode monitorar se o valor de sua marca está subindo ou caindo?
8. Qual é o impacto do digital na construção e no controle de uma marca?

Vamos examinar uma por uma.

▶ De que maneiras o desenvolvimento de uma marca forte aumenta o potencial de crescimento da empresa?

Uma marca forte ajuda a empresa a crescer de três maneiras específicas. Em primeiro lugar, ela pode cobrar um preço mais alto, o que, no mundo ideal, leva a lucros mais altos, que por sua vez resultam em mais caixa para expandir ainda mais o negócio. Por exemplo, como a Caterpillar tem renome fortíssimo na área de equipamentos de construção, pode cobrar mais – porque o comprador conhece os excelentes produtos e a qualidade do serviço da Caterpillar. Faturando mais, ela pode crescer mais.

Em segundo lugar, a empresa com um nome forte tem mais facilidade de atingir os canais de distribuição. Encontra-se Coca-Cola em supermercados, máquinas distribuidoras, postos de gasolina, restaurantes e muitos outros lugares. Imagine, porém, se uma bebida nova, com um nome desconhecido, teria alguma chance de ser oferecida na maioria desses lugares. A força do nome da marca determina a rapidez e o êxito com que a empresa consegue expandir seu negócio.

Em terceiro lugar, depois que a marca conquistar confiança e respeito, a empresa pode colocar esse nome em vários itens novos – e em seguida lançá-los. É por isso que a Campbell, fabricante de sopas, não precisa inventar uma marca nova para cada sopa que lança. O nome notório e reconhecido da Campbell na sopa oferece confiança no produto tanto para o comprador quanto para o canal de distribuição. Não precisar desenvolver uma nova marca economiza um dinheiro considerável para a empresa. E, como é mais fácil lançar novos produtos com o mesmo nome, a empresa pode obter uma penetração de mercado muito mais rápida.

É difícil subestimar a importância de uma marca forte em relação aos demais ativos da empresa. Um gerente sênior da Coca-Cola disse certa vez que preferiria vender todas as fábricas, os equipamentos e ativos da empresa desde que pudesse conservar o nome da marca.

Dá para entender: a Interbrand, uma consultoria de marcas, estimou que a marca Coca-Cola valia 71 bilhões de dólares em seu ranking das marcas Top 100 em 2011. Era seguida por IBM (70 bilhões de dólares), Microsoft (59 bilhões de dólares), Google (55 bilhões de dólares) e GE (43 bilhões de dólares).[1]

O que uma marca pode fazer para continuar lucrativa durante uma recessão? Eis algumas possibilidades realistas:

- *Adicionar um item mais barato, com menos atributos*, à linha de produtos. Você pode até lançá-lo sob um nome diferente. A maioria das empresas deve possuir linhas de produtos com diferentes faixas de preço.
- *Adicionar valor agregado à oferta*, como entrega gratuita ou instalação.
- *Manter o preço atual mas investir pesado em publicidade explicando ao consumidor por que ele deve pagar mais* por aquela marca. A Procter & Gamble (P&G) usou essa estratégia nos Estados Unidos com o sabão em pó Tide em vez de reduzir o preço.
- *Mudar a imagem da marca por meio de uma nova campanha.* A Dove lançou sua campanha "Beleza Real" na China em 2011, com base no conceito de que a maioria das mulheres possui beleza real e que Dove pode ajudá-las a mostrar isso.
- *Inovar.* A Apple lançou o iPhone logo antes da Grande Recessão, fazendo a participação de mercado da Nokia cair de 50% para 10% em cinco anos.
- *Mudar para ganhar na posição de preços inferiores, porém mantendo o valor e a promessa da marca.* A Geico, seguradora, vende a maioria de seus seguros on-line e, sendo um marca notória, lidera na categoria *low cost*.

▶ É possível fazer *branding* com *tudo*?

A resposta é: *tudo* pode ter *branding*. Mais importante que isso, até: tudo pode extrair benefícios de um esforço *consciente* de *branding*. Para incontáveis exemplos de produtos, serviços e até pessoas que passaram pelo *branding*, veja o Esquema 3.2.

Esquema 3.2 É possível fazer *branding* com *tudo*

- *Produtos de consumo geral:* vodca Absolut, bonecas Barbie, BMW, Kleenex
- *Produtos industriais:* chips Pentium, impressoras HP Laserjet, nylon DuPont
- *Serviços:* Avis, Federal Express, Disney, Club Med, Vigilantes do Peso
- *Varejistas:* Marks & Spencer, Walmart, Boots, Walgreens, Home Depot
- *Empresas:* IBM, GE, Intel, Apple, Nestlé, Samsung
- *Pessoas:* Madonna, Calvin Klein, Barbra Streisand
- *Lugares:* Paris, "Cidade-Luz"; Rio, "Cidade Maravilhosa"; Vale do Silício, "Capital da Tecnologia"
- *Commodities:* laranjas da Califórnia, batatas de Idaho, água Evian, frango Perdue, bananas Chiquita, tijolos Acme

Existe uma diferença entre um varejista anunciando que vende computadores e outro anunciando que vende computadores Apple – uma vez que os computadores da Apple vendem 10% a 20% mais que os concorrentes. Existe uma diferença entre um supermercado que vende frango fresco e um que vende frango Perdue, já que a marca faz vender 15% mais. Até as *commodities* têm marcas – nos Estados Unidos, é só pensar nas batatas de Idaho, na água Evian, nas bananas Chiquita e nos tijolos Acme.

▍ Que elementos compõem a marca de uma empresa?

Há quem pense que a marca é um mero nome dado a um objeto – e esse *era* o sentido original, quando dizíamos que um boi era marcado com o nome do dono. Mas, se a marca pretende ter qualquer relevância nos dias de hoje, ela tem que ser muito mais que um nome. No mínimo, a marca precisa portar os seguintes elementos: nome, logo e slogan.

Nome. Escolher o nome da marca é muito importante. Não sei se o ator Alan Alda teria se tornado um astro popular no cinema se tivesse mantido seu nome de batismo, Alphonso D'Abruzzo. Tenho mais interesse em comer kiwi do que "groselha chinesa", seu nome original, e fico muito mais feliz tirando férias em Paradise Island do que em Hog Island.

O nome de um produto não pode ser pensado de forma apressada, porque será preciso viver com ele – ou gastar muito para mudá-lo. E um nome pode ser obtido de várias fontes:

- *Nomes dos fundadores:* William E. Boeing, John Deere, Paul Julius Reuter, Werner von Siemens, John Pierpont Morgan.
- *Nomes descritivos:* British Airways, Caterpillar, Deutsche Telekom, International Business Machines, General Electric.
- *Siglas:* IBM, BASF, BBDO, DHL, HP, HSBC, SAP, UPS.
- *Nomes inventados:* Accenture, Exxon Mobil, Xerox.
- *Metáforas:* Apple, Virgin.

Deve-se testar o possível nome do produto em relação a uma lista com determinadas características desejáveis. Costumamos dizer que um nome bem escolhido precisa possuir seis características (ver Esquema 3.3): as três primeiras (memorizável, significativo e agradável) podem ser caracterizadas como *construtores da marca*, em termos de como o valor da marca pode ser criado por meio da escolha sensata de um elemento. As três últimas (transferível, adaptável e protegível) são mais *defensivas* e dizem respeito a como o valor da marca contido em um de seus elementos pode ser alavancado e preservado diante de diferentes oportunidades e limitações.

Esquema 3.3 Critérios de escolha para o nome da marca

- Memorizável
- Significativo
- Agradável
- Transferível
- Adaptável
- Protegível

Dá para testar o nome proposto para sua marca em relação a cada um desses critérios. Uma coisa para a qual se deve estar atento é a transferibilidade do nome e sua tradução – sobretudo se você planeja utilizá-lo no exterior, em outros idiomas. Pense nos seguintes problemas que algumas empresas encontraram com o nome de suas marcas:

- O Nova, carro da Chevrolet, não teve boas vendas em países de língua espanhola porque "no va" significa "não vai" em espanhol.
- A Mitsubishi Motors japonesa teve que rebatizar seu modelo Pajero nos países de língua espanhola porque o termo tem relação com masturbação.
- A Toyota tirou o número do modelo MR2 na França porque a combinação, em francês, soa como um palavrão.
- Quando a Braniff Airlines traduziu um slogan que promovia o estofamento de seus assentos, "Voe em couro", em espanhol soou como "Voe nu".
- Quando a Pepsi deu início ao marketing de seus produtos na China, anos atrás, a tradução para o chinês do slogan "Volte a viver com Pepsi" acabou virando "Pepsi traz seus ancestrais de volta do túmulo".

- Quando a Coca-Cola começou a ser distribuída na China, batizou o produto com um nome cuja pronúncia em chinês se assemelhava a "Coca-Cola". Porém os caracteres chineses usados significavam "Morda o girino de cera". Tempos depois, a Coca-Cola adotou um conjunto de caracteres que significa "Felicidade na boca".
- A Clairol, fabricante de produtos para os cabelos, lançou um modelador de cachos chamado "Mist Stick" na Alemanha e só depois descobriu que *mist* significa "estrume" em alemão.

Logo. Depois que a empresa escolhe o nome da marca, precisa contratar um designer para dar a esse nome uma identidade visual potente. Escolhe, então, um logo – um símbolo ou emblema que normalmente encarna o nome da empresa (ver Esquema 3.4). Em alguns casos, o nome nem sequer é mencionado – como no famoso logo da Apple que mostra uma maçã parcialmente comida.

Esquema 3.4 Uma variedade de logos de empresas

Slogan. Eu aconselharia as empresas a acrescentar um slogan ao nome para comunicar algo a mais sobre elas. O slogan consiste em uma frase curta para ajudar as pessoas a se lembrarem dos produtos da empresa. Os slogans a seguir são – ou já foram – bastante conhecidos, sobretudo nos Estados Unidos:

- Nike: "Just do it."
- BMW: "A máquina de dirigir definitiva."
- Aveia Quaker: "A aveia do coração."
- Coca-Cola: "É isso aí."
- Emerson: "Considere resolvido."
- GE: "Imaginação no trabalho" ou "Nós trazemos coisas boas para a vida".
- Hewlett-Packard: "Invente."
- Xerox: "The Document Company."
- Budweiser: "King of Beers."

As empresas precisam escolher com cuidado seus slogans, para que não saiam pela culatra, gerando descrença. Durante muitos anos a Ford usou o slogan "Qualidade é nossa tarefa número 1", embora o ranking dos 10 carros considerados de melhor qualidade não incluísse a Ford. O Holiday Inn tentou garantir aos hóspedes que seus hotéis eram bem gerenciados e adotou o slogan "Sem surpresas". Mas os hóspedes não gostavam nem um pouco quando não encontravam uma toalha no quarto ou não conseguiam falar com a recepção. O slogan foi descartado pouco tempo depois de sua adoção. O Lloyds Bank teve que abandonar o novo slogan, "O banco que gosta de dizer sim", depois de recusar empréstimos a inúmeros candidatos. A holandesa Philips, uma das maiores fabricantes de eletrônicos do mundo, passou por uma série de trocas de slogan ("Da areia ao chip", "A Philips inventa para você" e "Vamos fazer as coisas melhor"), pois cada um deles fracassou.

Frases um pouco mais longas são chamadas de *taglines*. Trata-se de uma frase que diz algo sobre o conteúdo. Por exemplo:

- Aetna (planos de saúde): "A empresa que você precisa para a vida que você quer."
- MasterCard: "Tem coisas que o dinheiro não compra. Para todas as outras, existe MasterCard."

Uma vez mais, certifique-se cuidadosamente de como a tradução do seu slogan em línguas estrangeiras soará – e não cometa os erros destas duas empresas:

- Quando a Coors traduziu para o espanhol o slogan "Turn it loose" ("Solte-se"), ficou parecendo "Tenha uma diarreia".
- A frase do magnata do frango Frank Perdue "É preciso um homem durão para fazer um frango macio" em espanhol soa muito mais interessante: "É preciso um homem sexualmente excitado para um frango ficar carinhoso."

Outros elementos de uma marca. Dá para enriquecer ainda mais uma marca acrescentando alguns elementos – um deles é a *cor*. Por exemplo, a Caterpillar usa o amarelo em todos os seus equipamentos de deslocamento de terreno; a Coca-Cola sempre usou o vermelho em suas embalagens. Chegou a tentar registrar a propriedade da cor. Empresas podem usar certos *sons*, *melodias* ou *jingles* para acompanhar seu nome quando ele aparece, do mesmo jeito que a AOL abre seus aplicativos com uma voz masculina dizendo "*Welcome. You've got mail!*" ["Bem-vindo(a). Tem e-mail para você!"] ou a música "Rhapsody in Blue", de George Gershwin, é usada como tema pela United Airlines para sua marca desde 1976. Algumas empresas utilizam um *personagem* determinado. As lojas da Kentucky Fried Chicken (KFC) exibem um retrato do coronel Saunders, enquanto os anúncios da Traveler's Insurance mostram um guarda-chuva como símbolo. Hoje aumentou o interesse por marcas que despertem todos os sentidos – visão, audição, paladar, olfato e tato.[2] Lojas para a classe A, como a Tiffany e a Hermès, fazem o possível para estimular todos os sentidos na construção de sua experiência de marca, o que pode incluir cuidados estéticos na iluminação e aromas agradáveis.

A construção de uma marca que impressione exige que o Marketing Criativo atue em conjunto com o grupo de Design – em especial com alguém especializado em Identidade Visual. O Design e o Marketing precisam trabalhar em parceria – não apenas nos elementos e no impacto do *branding*, mas no produto físico ou processo como um todo que a empresa está levando ao mercado. Ousaríamos até dizer que o êxito da Apple com seus produtos e seu *branding* deve tanto ao design brilhante quanto ao marketing brilhante.

▶ Quais são as características de uma marca forte?

Mesmo quando sabemos de que elementos determinada marca necessita, nem sempre conseguimos dizer o que vai transformar alguma coisa em uma "supermarca" respeitada e amplamente conhecida. O que mantém o impulso de grandes marcas como Coca-Cola, Virgin, BMW, Mercedes e outras?

O Brasil gostaria de saber essa resposta, já que possui poucas marcas muito conhecidas mundialmente. No entanto, o Brasil é o maior produtor mundial de grãos de café, que vende a uma empresa suíça que não produz café. Essa empresa suíça ganha 10 vezes mais por esse café do que o Brasil – e o nome dessa empresa é Nestlé. Por que os brasileiros não desenvolvem uma marca para o próprio café, cobram menos e ficam com todo o lucro? A resposta é simples: eles não possuem o nome Nescafé.

A Millward Brown e a WPP, consultorias de pesquisa em marketing, elaboraram o modelo BRANDZ de força da marca. No cerne dele está a pirâmide chamada BrandDynamics (ver Esquema 3.5).

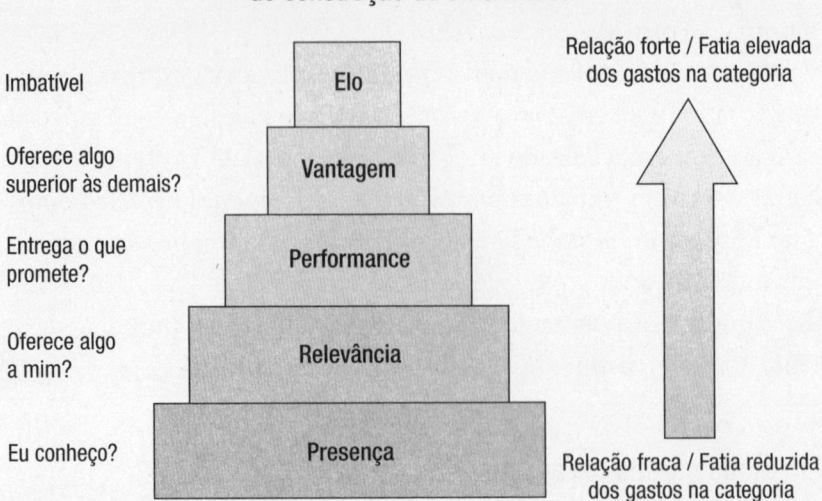

Esquema 3.5 O modelo BrandDynamics
de construção de uma marca

Imbatível	Elo
Oferece algo superior às demais?	Vantagem
Entrega o que promete?	Performance
Oferece algo a mim?	Relevância
Eu conheço?	Presença

Relação forte / Fatia elevada dos gastos na categoria ↑

Relação fraca / Fatia reduzida dos gastos na categoria

De acordo com esse modelo, a construção da marca envolve cinco etapas. Cada uma depende da conclusão com êxito dos passos anteriores junto ao consumidor. A empresa utiliza ferramentas variadas para completar cada etapa. Assim, ao mesmo tempo que a publicidade é necessária para fazer as pessoas saberem da existência da marca – e pode ser útil em outros passos –, ela provavelmente desempenhará um papel modesto nos dois últimos passos. Oferecer um período de experiência ajuda na terceira e na quarta etapas, e um compromisso sólido de assistência contínua ao cliente ajuda a levar a cabo o quinto passo.

O objetivo da empresa deve ser criar consumidores com um vínculo (isto é, engajados), que façam a maior parte de suas despesas nessa categoria com a sua marca e falem mais favoravelmente a respeito dela. No entanto, a maioria dos consumidores se encontrará nos degraus mais baixos. O desafio, para os profissionais de marketing, é desenvolver atividades e programas que ajudem o consumidor a mover-se pirâmide acima.

A agência de publicidade Young & Rubicam (Y&R) desenvolveu

outro modelo, que consiste nas quatro variáveis apresentadas no Esquema 3.6:

Esquema 3.6 Modelo de avaliação do ativo da marca

DIFERENCIAÇÃO ENERGIZADA
O ponto de diferença da marca *influencia as margens e o capital cultural*

RELEVÂNCIA
Quando a marca combina com você, *influencia a cogitação e a experimentação*

ESTIMA
Como você encara a marca *influencia as percepções de qualidade e a lealdade*

CONHECIMENTO
Uma compreensão íntima da marca *influencia a consciência de marca e a experiência do consumidor*

FORÇA DA MARCA
Indicador principal

ESTATURA DA MARCA
Indicador atual

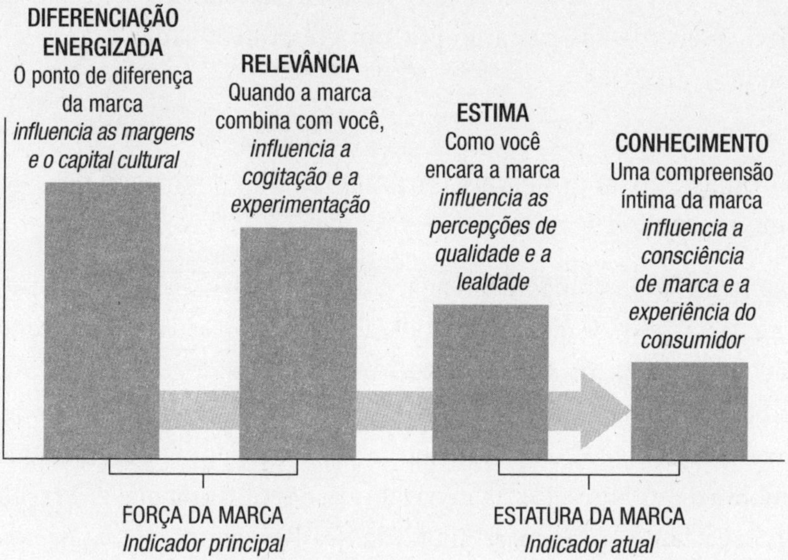

Fonte: Brand Asset Valuator (BAV), propriedade de Young & Rubicam Group, WPP plc.

A Y&R chama esse modelo de Avaliação do Ativo da Marca (BAV, na sigla em inglês). Ele foi pesquisado com mais de 500 mil consumidores em 44 países e abrange milhares de marcas pertencentes a centenas de categorias diferentes. As quatro variáveis são os pilares do valor da marca, sendo a *diferenciação energizada* (ou impulso) a mais importante. Esse critério indica que a marca é altamente diferenciada e está tendo impulso. A Apple Computer, hoje, tem um impulso assim – algo que qualquer pessoa que adentre qualquer uma de suas lojas, sempre abarrotadas de clientes fascinados com os Macs, iPods, iPads e iPhones, pode constatar com clareza. A *relevância* é o segundo maior contribuidor. O Facebook (rebatizado como Meta) tem alta relevância hoje. A combinação de relevância e diferenciação energizada constitui a *força da marca*. A *estima* (por exemplo, a Merck) e o *conhecimento* (por exemplo, a IBM), juntos, geram a *estatura da marca*, que é muito mais que um simples retrospecto da performance passada. Com a medição dessas variáveis em milhares de marcas, a Y&R afirma ser capaz de dizer quais marcas passarão por um crescimento robusto e quais vão ficar para trás.

▻ Quais são as principais ferramentas de construção de uma marca?

Construir a marca não é tarefa apenas do departamento de marketing; trata-se de uma responsabilidade da empresa como um todo. Um empregado, fornecedor, parceiro ou distribuidor ruim pode prejudicar a estima pela marca. Mas é a equipe de marketing a responsável pela definição da identidade da marca. Costumamos dizer que, embora o produto seja criado na fábrica, o sentido da marca é criado no departamento de marketing. Charles Revson, da marca de cosméticos Revlon, definiu isso bem: "Na fábrica, fazemos o produto; na loja, vendemos esperança."

Muitos novatos no marketing acham que a construção de uma marca é, antes de tudo, uma questão de conseguir verba suficiente para bancar anúncios de TV de 30 segundos. Por mais que admitamos a utilidade da publicidade em televisão para um produto destinado ao mercado de massa, seria miopia achar que dá para construir uma marca apenas com publicidade na TV – ou, a propósito, em jornais, rádios ou outdoors. O Esquema 3.7 relaciona todo um leque de ferramentas que podem criar consciência, interesse, conhecimento, cogitação e até preferência por uma marca recém-lançada.

Esquema 3.7 Ferramentas de construção de uma marca

- Publicidade tradicional e digital
- Presença nas mídias sociais
- Patrocínio de eventos e causas
- Criação de clubes/comunidades de usuários
- Visitas à empresa
- Visitas a feiras setoriais
- Exposições itinerantes
- *Webcasts* de apresentações, mesas-redondas, entretenimento
- Abertura de lojas e *showrooms*
- Contribuição a instalações públicas ou apoio a causas sociais
- Oferta de ótimo custo-benefício

Claramente, os profissionais de marketing podem recorrer a várias ferramentas para chamar a atenção do público e criar preferência no mercado-alvo. A decisão a ser tomada depende da cobertura relativa e da produtividade das diversas ferramentas em relação aos custos.

▶ Até que ponto se pode expandir uma marca sem correr o risco de fazê-la perder o sentido?

Empresas que constroem marcas fortes muitas vezes ficam tentadas a utilizá-las para lançar produtos novos. Mas até que ponto a empresa pode "esticar" o nome da marca sem que ela perca seu sentido? O nome da marca Nike é encontrado em calçados esportivos e roupas esportivas, mas não em ternos masculinos. Não há problema em usar o nome da marca quando os produtos guardam alguma relação entre si. Por outro lado, ninguém compraria um xampu General Motors – nem uma empresa de xampu daria a seu produto o nome de General Motors.

Precisamos fazer distinção entre (1) a produção de variantes da marca na mesma categoria (extensão da linha); (2) a expansão para outra categoria (extensão da marca); e (3) a expansão para outro setor (alongamento da marca).

A *extensão da linha* é o uso da repetição do nome da marca encontrado com maior frequência. O nome Campbell é dado a toda sopa nova lançada pela Campbell; o nome Kellogg's é dado a todo cereal novo criado pela Kellogg; e Mercedes é o nome dado a todo carro novo desenvolvido pela Mercedes.

A *extensão da marca* é usada para descrever situações em que se utiliza o nome da marca para o lançamento de itens de *outra* categoria. Por exemplo, a Harley-Davidson coloca seu nome não apenas nas famosas motocicletas, mas também em outros itens que os membros do seu clube (conhecidos como HOGs, da sigla em inglês para "Grupos de Proprietários de Harleys") normalmente compram para demonstrar sua identidade. Donos de Harleys podem ter canetas, relógios, carteiras, jaquetas de couro e camisetas, todos com a marca Harley estampada. E podem até visitar um Harley-Davidson Café em Las Vegas. No entanto, embora abarque diversos itens de outras categorias, a Harley não colocaria seu nome em produtos muito distantes, como berços ou anéis de diamantes.

O *alongamento da marca* ocorre quando a empresa entra em *outro setor* usando o nome da sua marca. O melhor exemplo disso é a Virgin. Seu fundador, Richard Branson, começou usando esse nome no ramo da música; depois usou-o para entrar em uma série de outros setores – entre eles, refrigerantes, celulares, ferrovias, uma companhia aérea, vestidos de noiva e outros. No entanto, Branson não sai pulando cegamente de uma categoria para outra; só entra em um setor quando é capaz de oferecer uma qualidade superior, algo inovador ou um sentido de diversão e irreverência. A companhia aérea Virgin Atlantic foi a primeira a servir sorvete e oferecer massagens, e eu não ficaria surpreso se ele lançasse um cassino ou uma academia de ginástica em seus aviões. Para lançar a marca Virgin de vestidos de noiva, Branson se vestiu de noiva.

A mensagem é clara: quando uma empresa já construiu uma marca poderosa, precisa avançar com cautela na extensão ou no alongamento dela. Até porque a empresa não tem controle sobre aquilo que outros podem fazer com o nome da marca. Na Era da Internet, mais gente comentará com os conhecidos as experiências positivas e negativas com as marcas. As empresas precisam monitorar o que está sendo dito pelas pessoas; devem tentar tirar partido do boca a boca positivo e tomar atitudes para corrigir o negativo. E todas as empresas devem cogitar a ideia de usar o Google Alert para acompanhar a discussão on-line – não apenas para saber o que as pessoas estão dizendo sobre a própria marca, mas também para descobrir conversas sobre os concorrentes.

▷ Como a empresa pode monitorar se o valor de sua marca está subindo ou caindo?

Faz sentido o CEO perguntar aos gerentes de marca se a força e a estatura de sua marca estão crescendo, estáveis ou caindo. Não é porque alguns chegam a batizar os filhos com nomes de marcas – Harley, Apple, Lexus, Porsche, Pepsi, Rolex, Marlboro e Sony – que a eficiência da marca está provada. Também não basta medir periodicamente a lembrança (*recall*), o reconhecimento, o conhecimento ou o interesse pela marca. Para captar se o *valor percebido pelo cliente* subiu ou caiu, é preciso definir alguns fatores-chave determinantes do valor da marca e tirar uma média para avaliar se estão melhorando ou piorando. Outro método é usar a BAV (*brand asset valuation*) já mencionada, embora o BrandDynamics e outros sistemas estejam disponíveis.[3]

▷ Qual é o impacto do digital na construção e no controle de uma marca?

A Era Digital vem tendo um impacto importante na construção e no controle das marcas. A ascensão de Facebook (Meta), Twitter, YouTube, LinkedIn e outras mídias sociais contribuiu enormemente para o empoderamento do consumidor. Hoje o consumidor pode realizar várias ações que não eram possíveis antes da Era Digital:

- Uma pessoa pode enviar um tuíte para uma, duas, várias, milhões de pessoas. As palavras e experiências da cantora Lady Gaga, por exemplo, são seguidas por 84 milhões de pessoas.
- Duas ou mais pessoas podem conversar por computador ou tablet, por longos períodos, a um custo baixo ou mesmo nulo (graças ao Skype).
- O consumidor pode usar a internet para procurar avaliações de compradores de automóveis (em sites como o J. D. Powers, nos Estados Unidos) e incontáveis outros produtos.
- O consumidor pode ver um produto em uma loja, verificar o preço e usar o celular para descobrir se aquele produto está mais barato em outro lugar. Com isso, a Best Buy, varejista americana de eletrônicos, tornou-se mais um *showroom* do que uma loja.

Tudo isso significa que o monólogo do vendedor – aquele que a publicidade divulga – é cada vez menos convincente no processo de compra. As preferências de marca dos consumidores serão cada vez mais influenciadas por outros consumidores e pela enorme disponibilidade de informação on-line.

Uma importante consequência é que nenhuma empresa tem mais como exagerar o tempo todo as vantagens de seu produto sem gerar um boca a boca negativo. Um cliente irritado da United Airlines criou um blog intitulado "*Untied* Airlines" (de *untied*, "desatado", fazendo um trocadilho com *united*, que significa "unido") e convidou outros clientes descontentes da United a contar ao mundo suas histórias. *Qualquer* comportamento indevido da empresa tem potencial para ser divulgado. As marcas não podem mais se dar ao luxo de desagradar impunemente o consumidor. Mas o possível resultado para o consumidor é maravilhoso: podemos acabar vivendo em um mundo no qual poderemos confiar que todas as empresas serão boas em cumprir suas promessas.

Outro grande benefício da Era Digital é que as empresas podem convidar o cliente a aprimorar seus produtos, participando da *cocriação* de suas ofertas. Isso equivale, de certa forma, a posicionar a empresa como uma oficina na qual o cliente pode ajudar a projetar aquilo que deseja que seja produzido para si. A empresa pode recorrer ao *crowdsourcing* – usando a internet para convidar as pessoas a contribuírem com sugestões – na busca por ideias novas. Por exemplo, a Doritos, fabricante de salgadinhos à base de milho, convidou alguns clientes entusiastas a criar campanhas de publicidade para o Super Bowl, a final do campeonato profissional de futebol americano, em 2012. O concurso recebeu milhares de ideias de campanha e a Doritos fez um *crowdsourcing* junto ao público, depois do recebimento dessas ideias, para votar nas cinco finalistas. Dois irmãos ganharam um prêmio de um milhão de dólares ao terminarem em primeiro lugar no Ad Meter, uma pesquisa que indica os anúncios de maior sucesso, e o comercial criado pelos usuários liderou o Ad Meter do Super Bowl, do jornal *USA Today*, derrotando anúncios criados por agências de publicidade profissionais. A empresa ainda teve um benefício extra: o método de *crowdsourcing* viralizou nas redes sociais, com usuários vendo as sugestões on-line, sugerindo-as a amigos e postando links. A votação foi tão apertada que a empresa decidiu exibir dois comerciais em vez de um só – e ambos receberam notas altas durante aquele Super Bowl.

▎ Conclusão

Não resta dúvida de que uma marca forte torna mais fácil fazer uma empresa crescer. O ponto de partida é a escolha do nome, do logo e do slogan certos. Quando a marca se torna verdadeiramente forte, passa a deter uma palavra ou frase que o mercado-alvo conhece bem. A partir daí, as empresas podem usar o nome da marca para lançar mais produtos dentro da mesma categoria; em alguns casos, podem estendê-lo a outras categorias e, eventualmente, até a outros setores. Mas as marcas precisam cuidar para não esticar demais o nome. Precisam elaborar um método que permita identificar se o valor da marca está crescendo, estável ou em queda. Também se deve atentar para o fato de que a marca provavelmente perderá frescor sem inovação. O desafio é encontrar formas de revitalizar uma marca, com diferenciação energizada, aquilo que chamamos de *impulso*.

PERGUNTAS

1. Que *palavra* está associada à sua marca? Ponha no papel palavras que o nome da sua marca desperta. Faça um círculo em volta das palavras favoráveis e um retângulo em volta das desfavoráveis. Sublinhe as palavras que forem favoráveis mas não são amplamente conhecidas. Sublinhe duas vezes as palavras que são exclusivas da sua empresa. Que palavra ou frase você gostaria que estivesse associada à sua marca?
2. Você está satisfeito com o logo e o slogan da sua marca? Conseguiria sugerir opções melhores? Sua empresa possui uma identidade visual poderosa?
3. Você consegue imaginar extensões ou alongamentos da sua marca em produtos que você possa lançar em outras categorias? Tente imaginar alguns exemplos.
4. Em que pé sua marca está nas etapas da BrandDynamics? O que você pode fazer para ela subir?
5. Como você faz para determinar se o valor da sua marca subiu, ficou estável ou caiu?
6. John Gerzema e Ed Lebar publicaram o livro *A bolha das marcas: A iminente crise de valor das grandes marcas mundiais e como evitá-la* (Campus/Elsevier, 2009). Os autores afirmam que algumas marcas famosas perderam vitalidade e que em algum momento os investidores vão se dar conta disso e vender suas ações, derrubando o valor da empresa na bolsa. Sua marca ainda tem frescor? Caso não tenha, que medidas podem ser adotadas para recuperar o impulso de sua marca desgastada?

4 | Crescer inovando em produtos, serviços e experiências

A maioria das inovações dá errado. E as empresas que não inovam morrem.

– Henry Chesbrough

Quantas inovações sua empresa implementou nos últimos cinco anos? Você lançou algum produto ou serviço novo? De grande ou pequeno porte? Você inventou algum jeito novo de gerir seu negócio? Criou alguma técnica de marketing nova para vender seu produto de maneira mais eficiente?

A Apple responderia "sim" a essas perguntas, assim como Samsung, Google, IBM, 3M, Caterpillar e outras. Todas elas sabem que não inovar é estagnar. Empresas que não inovam parecem inertes aos olhos de consumidores, distribuidores e fornecedores – e também ficam inertes por dentro. O pessoal perde o entusiasmo.

É comum ouvirmos a máxima "Inovar ou morrer". O dilema intrínseco a ele é que, quando inovamos, em boa parte das vezes fracassamos. Algumas empresas compreendem isso e persistem, na esperança de que um grande êxito inovador compense diversos fracassos. A resposta estaria nos números. Evidentemente, a solução verdadeira é inovar *inteligentemente*, sem fracassar.

Podemos aprender muito com empresas que embutiram a inovação em seu DNA e implantaram uma cultura organizacional que incentiva e premia a inovação. A 3M Company, multinacional diversificada que atua em sessenta países e fabrica produtos inovadores em adesivos, abrasivos, produtos médicos, circuitos eletrônicos, filmes ópticos e diversas outras categorias, desenvolveu procedimentos, papéis, processos, incentivos e ferramentas para garantir que os empregados inovem de forma inteligente, sopesando riscos e recompensas.

É preciso reconhecer que ser um inovador exige ser ao mesmo tempo criador (do seu ponto de vista) e destruidor (do ponto de vista de outra empresa), porque o concorrente que sair perdendo tentará rapidamente se defender. É importante que o inovador antecipe essa defesa. Não faz sentido inovar para o mercado de massa se o concorrente tem como impedir que essa inovação dê certo. Por exemplo, a Procter & Gamble raramente é atacada. Quando ela fica sabendo do lançamento de um novo sabão em pó, simplesmente reduz seus preços ou abarrota as prateleiras dos varejistas com seus produtos, de modo que o inovador dificilmente tem uma oportunidade de angariar espaço e ter êxito.

Sua organização precisa responder às seguintes perguntas principais:

1. Por que inovar?
2. Como você pode avaliar o nível e a qualidade da inovação na sua empresa?
3. Como pode implantar um modo de pensar inovador na sua empresa?
4. Onde pode buscar boas ideias inovadoras?
5. Como pode formalizar o processo de inovação?
6. Que ferramentas criativas sua empresa pode usar para achar novas ideias para crescer?
7. Como você pode obter fundos para financiar o trabalho de inovação e bancar o lançamento?

▶ Por que inovar?

Suponha que, embora sua empresa esteja tendo bom desempenho, você percebe uma grande quantidade de transformações ocorrendo em seus mercados, consumidores, concorrentes, fornecedores e canais de distribuição. Os concorrentes estão fabricando seus produtos na China por um custo menor ou talvez os concorrentes chineses estejam entrando em seu país. Você está vendo concorrentes domésticos criando produtos novos e empolgantes, e está estudando as rápidas mudanças tecnológicas; por exemplo, os BlackBerrys, da Research in Motion (RIM), começaram a entrar em apuros à medida que a tecnologia Android e o iPhone, da Apple, foram tomando conta de grande parte do mercado de aparelhos celulares.

Tudo isso vai deixando você cada vez mais incomodado por não ter feito nada para formalizar um processo de inovação na sua empresa. E agora percebe que ter deixado de fazer isso está colocando sua empresa em risco, pois, nas palavras de Masahiro Fujita, presidente dos laboratórios de sistemas tecnológicos da Sony: "O risco de não inovar é maior do que o risco de inovar."[1] Você precisa começar a descobrir como incentivar seus empregados e parceiros (distribuidores, varejistas, fornecedores) – bem como seus consumidores – a pensar de forma mais inovadora.

▶ Como você pode avaliar o nível e a qualidade da inovação na sua empresa?

Empresas como Kellogg, Kraft e Campbell geram grande número de produtos. Por essa razão, têm plena consciência de que precisam trabalhar o tempo todo em aperfeiçoamentos e ideias novas. Assim, a divisão de sopas da Campbell fica de olho em novas tendências e gostos relacionados a esse alimento. Pode acrescentar uma sopa de tomate cremosa, além da sopa de tomate comum. Pode até lançar um creme de aspargos, se a ideia se revelar positiva nos testes.

Cada lançamento exige trabalho de desenvolvimento do novo sabor, embalagem, publicidade, distribuição e precificação. Como a Campbell já está acostumada com o processo, sabe como desenvolver e testar o conceito, preparando tudo para o lançamento. Realiza as análises de negócio necessárias para determinar o ponto de equilíbrio (*breakeven point*) e o retorno financeiro sobre o investimento (ROI). Nesse aspecto, podemos dizer que empresas como a Campbell *rotinizaram* a inovação.

É importante notar, porém, que estamos falando aqui de inovações *graduais*, e não das inovações *revolucionárias*. Estas últimas acarretam um risco maior – e, espera-se, um retorno maior. É o que poderia acontecer se a Campbell concebesse um sistema de acondicionamento inteiramente novo para suas sopas ou se elaborasse uma sopa muito saborosa com zero caloria. A Campbell está ciente de que os concorrentes inventaram novos métodos de acondicionar sopas. Portanto, embora possamos dar à Campbell uma boa nota em inovação gradual, ela não é o melhor exemplo de inovação radical ou revolucionária.

Tenha em mente que a inovação não se limita aos produtos. A Campbell tem que construir seu negócio e pensar fora da caixa ao mesmo tempo. Que tal seguir o modelo de negócio da Starbucks e abrir uma rede de *lojas de sopas* que alimentem? O clima seria amigável e caloroso, a equipe seria simpática e prestativa, e os clientes poderiam se sentar durante o tempo que quisessem para desfrutar de "31 sabores de sopa". Ou a Campbell poderia caminhar em outra direção e inventar uma máquina distribuidora que vendesse vários tipos diferentes de sopa quentinha.

Conseguir uma inovação revolucionária é uma forte esperança – mas um raro acontecimento – para a maioria das empresas. Uma transformação como essa não envolve apenas uma *alteração de design* ou o uso de *materiais* diferentes. Muitas vezes se dá via invenção de uma nova *plataforma*, como o iPad, o iTunes ou os carros híbridos. Uma plataforma nova assim pode ensejar a promoção de muitos produtos novos.

Irene Rosenfeld, presidente da Kraft, empresa que também é do ramo alimentício, afirmou aos acionistas que, para a marca atingir suas metas de crescimento e lucro, seria preciso bolar um novo produto ou plataforma de produtos que gerasse uma receita extra anual de um bilhão de dólares. Rosenfeld montou equipes concorrentes para encontrar uma ideia bilionária. Poderia servir de inspiração para ela a indústria farmacêutica, que está sempre em busca da nova substância arrasa-quarteirão que renderá bilhões de dólares. Uma pergunta interessante é se teria sido mais realista montar equipes que buscassem novas ideias de produtos com potencial para gerar 250 milhões de dólares de receita anual. Deve ser mais fácil conseguir várias ideias na praça que renderiam 250 milhões do que uma única que rendesse um bilhão na indústria alimentícia.

Vimos grandes revoluções no modelo de negócios de diversos setores graças à imaginação de homens e mulheres visionários. O Esquema 4.1 traz uma lista com vários.

Esquema 4.1 Visionários(as) do marketing

- Anita Roddick (Body Shop)
- Fred Smith (Federal Express)
- Steve Jobs (Apple)
- Bill Gates (Microsoft)
- Michael Dell (computadores Dell)
- RayKroc (McDonald's)
- Walt Disney (Disneylândia, Walt Disney World)
- Sam Walton (Walmart)
- Tom Monaghan (Domino's Pizza)
- Akio Morita (Sony)
- Nicolas G. Hayek (relógios Swatch)
- Gilbert Trigano (Club Méditerranée)
- Ted Turner (CNN)

- Frank Perdue (frangos Perdue)
- Richard Branson (Virgin)
- Soichiro Honda (Honda)
- Luciano Benetton (Benetton)
- Charles Lazarus (Toys 'R' Us)
- Les Wexner (Victoria's Secret)
- Coronel Sanders (Kentucky Fried Chicken)
- Ingvar Kamprad (Ikea)
- Howard Schultz (Starbucks)
- Charles Schwab (Charles Schwab)
- Philip Knight (Nike)
- Leonard Riggio (livrarias Barnes & Noble)

Todos tiveram visões de novos produtos, serviços, experiências ou sistemas de entrega – e observe ainda que muitos deles envolvem setores antigos ou maduros. A Body Shop representou um jeito novo de vender produtos para a pele em embalagens ecoamigáveis, sem testes em animais. A CNN foi o primeiro canal de TV a divulgar notícias 24 horas por dia, sete dias por semana. A Ikea foi a primeira empresa de móveis a reduzir drasticamente o custo de mobília de boa qualidade ao introduzir a montagem faça-você-mesmo e equipar suas lojas com restaurantes e creches. Charles Schwab lançou a corretagem barata em 1975 e sua empresa se tornou uma das maiores corretoras de valores do mundo. Também foi a primeira a oferecer cotações 24 horas por dia. A Starbucks foi um jeito novo de vender um produto antigo – café – ao oferecer pontos de encontro e espaços para reuniões de negócios que dispensavam aluguel. Cada uma dessas histórias – de como uma pessoa imaginou um jeito de criar valor novo para um conjunto-alvo de consumidores – vale ser contada.

Vamos analisar rapidamente um último exemplo: Leonard Riggio e as livrarias Barnes & Noble. Pense na livraria tradicional. Você entrava, flanava pelos livros que abarrotavam as prateleiras, de vez em quando pegava um, folheava, colocava de volta e seguia em frente. O tempo todo você pensava como seria bom ter um lugar para se sentar, até que ficava cansado e saía da livraria sem comprar nem uma obra sequer.

Então, em 1971, veio Leonard Riggio, que havia gerido um negócio bem-sucedido de venda de livros pelo correio e depois uma rede de livrarias universitárias. Leonard resolveu comprar uma livraria decadente de Nova York chamada Barnes & Noble. Ele ampliou a loja para comportar 150 mil livros, várias vezes maior do que uma livraria comum, e instalou uma quantidade generosa de mesas e cadeiras. Acrescentou um espaço de venda de docinhos e café Starbucks e resolveu deixar a loja aberta das 9h às 23h, de domingo a domingo. Além disso, organizou encontros com autores e shows de música noturnos. Leonard não virou apenas dono de uma livraria; ele reinventou o conceito de livraria.

Mas há outra lição sobre reinvenções: elas podem ter um ciclo de vida curto. Toda inovação acaba se deparando com tecnologias que causam rupturas. A Barnes & Noble virou um arquétipo do palácio de tijolos em uma era de venda de livros on-line, dominada pela Amazon e pela tecnologia disruptiva dos e-books. A marca já perdeu a corrida dos e-books para o Kindle, da Amazon, e suas margens seguiram em declínio. Será que ela consegue mudar seu atual modelo de negócios para continuar na vanguarda – ou sofrerá o mesmo destino da Borders (rede de lojas de livros e discos americana que fechou em 1971) e da Blockbuster (locadora de vídeos que fechou em 2014)? Até mesmo sistemas de varejo inovadores, como Ikea, Walmart e Toys 'R' Us, têm que estar sempre à espreita de inovações disruptivas.

Também precisamos prestar atenção no número crescente de inovações de marketing. Veja esta longa lista de inovações do marketing no Esquema 4.2.

Esquema 4.2 Grandes inovações do marketing – antigas e recentes

- Catálogos de encomenda pelo correio e mala direta
- Lojas de varejo com autoatendimento
- Cartões de crédito, abatimentos e financiamento sem juros
- Consórcios
- Programas de pontos
- Cupons de desconto
- Vales-presentes
- Marcas usadas como plataformas (Virgin)
- Produtos customizados (no Japão, a National Bicycle Industrial Company personaliza cada bicicleta)
- Televendas em que o telespectador liga para comprar
- Clube do livro e outras formas de venda por assinatura
- Hipermercados com ampla variedade de produtos baratos (Carrefour, Costco)
- Lojas hiperespecializadas em um tipo de produto (Cobasi, Toys 'R' Us)
- Lojas diferenciadas da mesma rede (Best Buy)
- Linhas de mercadorias exclusivas (Target, Michael Graves)
- Produtos com garantias
- e-commerce
- Groupon e outras ofertas de compras coletivas

Muitas dessas inovações existem faz tempo, porém o tempo todo aparecem novas ferramentas de marketing. O Groupon foi um dos exemplos mais recentes. O modelo de negócios consiste simplesmente em oferecer um "cupom" por dia, a cada vez para um varejista ou uma experiência local diferente. Quando um número de pessoas acima de determinado patamar aceita a oferta, todos ganham o produto ou a experiência com um desconto agressivo. Alguns descontos nem dependem do número de pessoas interessadas. A chave do Groupon é que beneficia o varejista local, criando uma relação entre o público e a empresa próxima a seu local de trabalho ou residência. O Groupon cresceu tão rapidamente que lançou uma IPO três anos depois de sua criação, atingindo um valor de mercado de 4,78 bilhões de dólares em julho de 2012.

Empresas como o Groupon forçam outras a perguntar a si mesmas: estamos inovando nas áreas de produto, serviço, experiências, ideias, redes de distribuição e incentivos de marketing? Estamos fazendo isso mais do que nossos maiores concorrentes? Até que ponto essas inovações tiveram êxito?

E, caso você tenha apresentado pouca ou nenhuma inovação, o que o está impedindo? Muitas vezes a resposta é... o sucesso. Em primeiro lugar, é provável que você seja o atual líder em seu setor, tendo investido muito dinheiro na atual tecnologia de produção do seu produto. Não é do seu interesse investir em qualquer nova tecnologia que vá canibalizar aquilo que você já conquistou. Essa relutância ganhou o nome de Maldição do Vencedor – a tendência a evitar fazer uma canibalização preventiva. Empresas com esse receio tendem a minimizar o risco de que alguém apareça e acabam canibalizando *a si mesmas*.

Em segundo lugar, pode ser que se conclua que a nova tecnologia não entrega os benefícios esperados. Ou pode ser que demore até esses benefícios se concretizarem – com lucros menores nesse meio-tempo. Isso pode desagradar os membros da sua diretoria, os acionistas, os empregados e os clientes, já que você está colocando em risco um elevado lucro atual e sua posição dominante. É preciso tanto encontrar uma ótima ideia nova quanto ter liderança para convencer os demais de que fazer a mudança é menos arriscado do que não fazer mudança alguma.

▶ Como você pode implantar um modo de pensar inovador na sua empresa?

Que medidas você pode adotar para estimular empregados e parceiros a pensarem de forma mais inovadora?

O primeiro passo tem que ser a afirmação, por parte do CEO, de que a inovação será abraçada como um elemento estratégico central no crescimento planejado da empresa – uma ideia que o CEO precisa vender tanto para a diretoria quanto para a gerência sênior. Isso pode ocorrer convencendo-os a investir pontualmente em uma nova tecnologia. Claro, muito mais difícil será convencê-los de que a inovação contínua – e *apenas* a inovação contínua – será a única esperança para a empresa permanecer lucrativa em um mundo em constante transformação.

Quando o CEO consegue isso, a etapa seguinte é implantar a nova cultura de inovação. Isso vai além de indicar um profissional sênior para assumir o cargo de diretor de novos produtos, diretor de inovação ou diretor de desenvolvimento de negócios. A empresa precisa implantar procedimentos, processos e incentivos para levar essa nova atitude às últimas consequências.

Empresas como Google, Apple e 3M recorrem a uma série de estímulos – inclusive financeiros (em forma de bônus, aumentos e promoções), mimos como tempo livre para projetos pessoais, descontos generosos em produtos Apple, férias maiores, prêmios de reconhecimento aos mais inovadores, feiras de inovação e competições de pesquisa. A Nokia, do setor de comunicações, inscreve os engenheiros que registram pelo menos dez patentes em um Clube das Dez, homenageando-os anualmente em uma cerimônia de premiação formal conduzida pelo próprio CEO da empresa.

Empregados inovadores não só devem ser recompensados, mas também *não devem* ser punidos pelo que der errado. A empresa que pune os inovadores que fracassam desencoraja qualquer tomada de riscos. O fracasso é parte inevitável do processo de inovação e é crucial aprender com ele. David Kelley, fundador da IDEO, empresa de design, incentiva os empregados a "fracassar logo e fracassar muito". Mesmo em uma empresa calejada como a Procter & Gamble, até 80% dos novos produtos são decepções.

Claramente, em qualquer empresa, o diretor de inovação precisa estudar os métodos utilizados por diversas outras empresas para aprimorar a criação, o fluxo e o êxito das ideias novas. Esse diretor tem que ser mais do que um motivador; precisa estudar a forma como diferentes empresas bem-sucedidas implantaram uma mentalidade de inovação. Embora não exista um único jeito certo, o diretor de inovação fará bem em avaliar as diversas atitudes tomadas por essas empresas.

Existem quatro caminhos que as empresas adotam na implantação de um pensamento inovador:[2]

1. Treinamento de técnicas criativas para a equipe interna;
2. Recrutamento de novos empregados com um perfil mais criativo;
3. Oportunidades periódicas para os empregados apresentarem ideias à direção;
4. Terceirização da criatividade a outras organizações.

Treinar pessoas para serem criativas: o caso da Whirlpool. Esta primeira opção é perfeitamente factível porque, ao contrário do que muitos imaginam, *é possível* ensinar e desenvolver a criatividade. Em 2000, a Whirlpool Corporation lançou uma iniciativa de estímulo à inovação. A empresa selecionou 400 de seus empregados, de um amplo leque de departamentos, para participarem de treinamentos sobre uma série de métodos de "ideação". Eles tinham que continuar tocando suas funções normais, mas com um olhar para a inovação. A partir dali, a Whirlpool aumentou o número de produtos lançados por ano de um punhado para dezenas – inclusive a altamente bem--sucedida linha Gladiator de novos aparelhos, bancadas de trabalho, mobiliário e acessórios para organizar o armazenamento de objetos em garagens.

É bem verdade que, como no esporte, nas artes e em outros setores, sempre haverá gente mais capaz e com mais potencial inato do que os demais. Mesmo assim, dá para encontrar o nível mínimo de criatividade exigido para a inovação em um percentual elevado da população – e em praticamente todos que têm educação de nível superior. O que as pessoas precisam – além de um processo de inovação que defina com clareza o escopo e o papel da criatividade – é de ferramentas e técnicas eficazes na geração de ideias. Técnicas criativas de qualidade e ferramentas de geração de ideias podem ajudá-las a se tornarem mais criativas.

Trazer gente criativa para a empresa: o caso da Samsung. A segunda opção é recrutar para a empresa pessoas com um perfil verdadeiramente criativo. Um bom exemplo é a Samsung Electronics, que em 1998 implantou o Centro VIP (*Value Innovation Program*, programa de valorização da inovação). O centro tem diversas equipes interdisciplinares que atuam na melhoria das ofertas estratégicas da Samsung. Uma equipe trabalha continuamente em formas de aprimorar os aparelhos de TV da marca; outra se concentra nos celulares. Até 2003, o centro tinha completado 80 projetos. A Samsung também realiza um simpósio anual de Valorização da Inovação e concede prêmios às melhores inovações. Hoje a marca é a maior empresa de tecnologia do mundo no ranking de vendas.

E qual é o perfil das pessoas "criativas"? Debate-se muito sobre a natureza desse tipo de indivíduo. Muitos autores analisaram a estrutura da personalidade e a psicologia das mentes mais criativas da história. O Esquema 4.3 resume algumas das principais conclusões em relação às pessoas criativas.

Esquema 4.3 Resumo das principais conclusões sobre gente criativa

Diante da escassez de pessoas criativas – ou da necessidade de identificá-las dentro da organização –, é preciso ter uma ideia do tipo de perfil que devemos procurar. Como saber se alguém tem potencial para ser criador no processo de inovação? Embora os detalhes possam variar, a lista a seguir vai ajudá-lo a ter uma boa noção das características, qualidades e dos recursos pessoais mais comuns das pessoas criativas. Também inclui informações sobre as sensações e emoções que elas vivenciam ao criar e como você pode reconhecer uma pessoa criativa.

Características pessoais

Segundo Gilda Waisburd, especialista em criatividade, as características das pessoas criativas são:[3]
- Flexíveis (vão além do óbvio)
- Fluidas (geram muitas ideias sobre um mesmo problema)
- Enriquecedoras (ampliam os detalhes da tarefa)
- Tolerantes com a incerteza (sabem se posicionar diante de conflitos)
- Capazes de enxergar o todo (adotam um método sistêmico)
- Questionadoras (interessam-se por várias disciplinas)
- Sensíveis aos interesses alheios (compreendem as necessidades dos outros)
- Curiosas (interessam-se em "brincar" com as coisas)
- Independentes (bolam as próprias ideias)
- Reflexivas (pensam a respeito daquilo que veem e ouvem)
- Atuantes (vão além da reflexão e da ideia e agem)
- Concentradas (trabalham de forma consistente)
- Persistentes (não desistem facilmente)
- Comprometidas (envolvem-se com as situações)
- Bem-humoradas (são capazes de rir e usar o humor para relativizar as coisas)

Qualidades pessoais

Frank Barron, Howard Gardner, Calvin Taylor, Robert Sternberg, E. Paul Torrance e Robert Weisberg, todos teóricos renomados sobre a criatividade, concordam que pessoas criativas apresentam as seguintes características:[4]

- Fluência verbal
- QI elevado
- Imaginação
- Capacidade de influenciar os outros e o próprio ambiente
- Capacidade e propensão a assumir riscos
- Interesse em definir adequadamente o problema a ser resolvido

Recursos comuns nas pessoas criativas

- Uso de metáforas
- Uso de imagens
- Uso da lógica
- Costume de perguntar a si mesmas o "porquê" daquilo que observam

Sentimento

Pessoas criativas são apaixonadas pelo que fazem e não desanimam diante das dificuldades. Exploram o próprio potencial e energia, cientes de que o tempo é curto. Para elas, a criatividade lhes permite esquecer o passado e o futuro, e mergulhar em um presente atemporal, que lhes propicia um estado de realização pessoal.

Manifestação

Chamamos de "criativa" a pessoa capaz de bolar combinações e sínteses originais. A criatividade se manifesta na capacidade de associar e combinar ideias de maneiras novas, e de decompor uma questão para observar seus elementos.

Oportunidades periódicas para os empregados apresentarem ideias à direção: o caso da Shell Oil. Esta opção estabelece uma oportunidade para que os empregados apresentem formalmente suas ideias à direção. Em 1996, a Shell Oil lançou um programa para alocar 20 milhões de dólares de verba em ideias disruptivas originadas em qualquer setor da empresa. Uma vez por ano, a direção organiza um evento em que uma sucessão de empregados se voluntaria para apresentar uma ideia inovadora. Cada empregado tem 10 minutos para fazer uma apresentação de PowerPoint, mais 15 minutos para responder a perguntas. Em seguida, a direção se reúne e seleciona as melhores ideias. As ideias que recebem luz verde ganham entre 100 mil e 600 mil dólares para aperfeiçoamento. Em 1996, quatro equipes de 12 candidatos receberam seis meses de financiamento para a elaboração da etapa seguinte. Dos cinco maiores sucessos de crescimento da Shell em 1999, quatro nasceram como ideias apresentadas em encontros com a direção em anos anteriores.

Algumas empresas são inundadas por ideias – a tal ponto que a direção não precisa realizar uma reunião especial para recebê-las. Na Toyota, existe a expectativa de que a empresa inteira – direção, engenheiros, pessoal de escritório e do chão de fábrica – esteja sempre pensando nos desejos, na conveniência e na segurança do cliente. A Toyota afirma que seus empregados enviam 2 milhões de ideias por ano (cerca de 35 sugestões por empregado), das quais mais de 85% acabam sendo implementadas. A Toyota foi fonte ou usuária de uma série de novas ideias de produção, como a gestão de qualidade total (TQM, *total quality management*) com as práticas dos Seis Sigma, a produção *just-in-time*, o *kaizen* (melhoria contínua) e a "produção enxuta". Em consequência, a Toyota ajudou não apenas a si mesma, mas incontáveis outras empresas, que adotaram esses métodos e obtiveram êxito graças a isso. Por exemplo, um estudo de caso exemplar de Harvard, chamado Hospital Deaconess-Glover (A), descreve como esse hospital conseguiu ser administrado de acordo com as ferramentas e os princípios usados no Sistema de Produção da Toyota (TPS).[5]

Terceirizar ideias: o caso da Apple. A quarta opção é terceirizar a criatividade. A Apple tem enorme reputação pela criatividade. Mas também terceiriza a ajuda em etapas específicas. No design dos produtos, a Apple trabalha de perto com a IDEO, uma premiada empresa de design. Embora tenha condições de realizar internamente todo o seu design, a companhia sabe que não seria capaz de atingir o grau de competência da IDEO. A chave para o sucesso do iPhone e do iPad foi a terceirização dos aplicativos. A marca nunca teria conseguido desenvolver internamente uma variedade tão rica de funções.

A criatividade é o motor da inovação. Por isso, a decisão de terceirizar a criatividade não deve ser tomada de forma apressada. Qual fornecedor selecionar? Que grau de confidencialidade deve-se exigir? Seria melhor um contrato de terceirização simples ou cogitar um acordo de longo prazo? Essas são perguntas que você deve levar em conta ao terceirizar a consultoria de inovação ou os especialistas em criatividade.

Também é possível terceirizar a criatividade de forma colaborativa, criando uma rede de agentes externos para geração permanente de ideias. A Procter & Gamble é notória pelo método Connect + Develop ("conecte e desenvolva"), substituto do método tradicional de "Pesquisa & Desenvolvimento". O programa de inovação aberta alavanca a rede P&G de empreendedores e fornecedores no mundo inteiro, proporcionando ideias modernas e inovadoras de produtos. O programa contribui com cerca de 35% da receita da P&G. Entre alguns dos produtos mais conhecidos inventados por meio do Connect + Develop, estão Olay Regenerist (sérum para a pele), Swiffer Dusters (espanador de pó eletrostático) e Crest SpinBrush (escova de dentes elétrica). A P&G estabeleceu várias redes externas de inovadores para fornecer ideias à empresa e desenvolvê-las internamente. Entre essas redes se encontra a NineSigma, que põe em contato empresas e cientistas na universidade, no governo e em laboratórios privados; a YourEncore Inc., que põe em contato cientistas e engenheiros aposentados que abriram empresas; e a yet2.co Inc., um mercado on-line de propriedade intelectual.[6]

▶ Onde você pode buscar boas ideias inovadoras?

As empresas podem adotar um de dois pontos de vista diferentes sobre onde buscar novas ideias. O primeiro deles é o de que as ideias chegarão à empresa durante o curso normal de realização de suas atividades. A empresa pode pedir aos clientes sugestões ou queixas; os empregados trazem ideias inspiradas; ou talvez o laboratório de P&D esteja trabalhando em algum projeto. A equipe de vendas pode recolher ideias durante visitas aos clientes e a direção pode bolar conceitos a partir da leitura da imprensa especializada ou de artigos sobre gestão.

O outro ponto de vista sustenta que as ideias simplesmente não surgem desse jeito; a empresa tem que implantar um sistema formal de *obtenção e avaliação* de novas ideias. Esse é o ponto de vista que nós preferimos. Lembramos o caso de um empregado que nos contou um brainstorming com seu superior. O chefe disse que a ideia era interessante, mas, considerando os riscos, provavelmente seria vetada pela empresa. A mensagem era clara: "Não perca seu tempo com essa ideia e volte ao trabalho." Isso acontece com maior frequência do que imaginamos. A maioria dos chefes mata boas ideias por não querer que os subordinados deixem de se concentrar em suas funções cotidianas.

No entanto, as empresas podem lucrar muito se tiverem dois departamentos de marketing: um *grupo tático maior*, que trabalhe na venda da produção do momento, e um *grupo estratégico menor*, livre para pensar nos próximos cinco anos sem se preocupar tanto com a venda da produção atual. Esse departamento menor tem uma única missão: pensar na cara que o mercado vai ter daqui a três ou cinco anos e usar essa informação para descobrir quais oportunidades podem se abrir para a empresa.

A enorme divisão de eletrodomésticos da General Electric fez isso vários anos atrás ao contratar o sociólogo Nelson Foote para pensar na cara que as "cozinhas" teriam dali a cinco anos. Iriam as cozinhas ocupar mais ou menos espaço nos lares novos que estavam sendo construídos? As pessoas passariam a comer mais na cozinha ou na sala de jantar? Precisaríamos de geladeiras maiores para acomodar o crescente mercado de comida congelada? As pessoas vão comer em casa com maior frequência, necessitando, por isso, de lava-louças e geladeiras cada vez maiores? Claramente, haveria tendências e contratendências, mas pelo menos essas perguntas deixaram a direção da GE com a cabeça mais aberta a novas oportunidades e possibilidades.

Empresas precisam ter uma visão ampla em relação à origem das ideias. O Esquema 4.4 relaciona as principais fontes de ideias novas, tanto externas quanto internas.

Esquema 4.4 Principais fontes de novas ideias

FONTES INTERNAS	FONTES EXTERNAS
Departamento de pesquisa e marketing	Clientes
Pessoal de pesquisa & desenvolvimento	Distribuidores
Equipe de vendas	Concorrentes
Sugestões de empregados	Fornecedores
Departamento de novos negócios	Governo e ONGs

Já analisamos de que formas as empresas podem obter ideias de fontes internas. Porém elas não podem cometer o equívoco de se basear apenas – ou excessivamente – em ideias recebidas do pessoal interno. Isso levará a um excesso de pensamento semelhante, levando no máximo a melhorias, em grande parte, pontuais. É por isso que as empresas também precisam ter um ponto de vista externo em relação a necessidades e tendências.

O cliente como fonte principal de ideias. A maioria das empresas precisa melhorar sua abordagem ao envolver o cliente no processo de desenvolvimento de novos produtos. No passado, as empresas viam isso *inteiramente* como sua função. Elas identificavam uma necessidade, criavam uma solução e então promoviam essa solução para os clientes com aquela necessidade. Na melhor das hipóteses, a empresa poderia apresentar um protótipo da solução para uma amostra de clientes em potencial, cujos feedbacks e sugestões ela incentivaria. Por fim, a empresa finalizaria o produto e mediria o grau de preferência do cliente e a intenção de compra a diferentes preços – resolvendo, por fim, se haveria um retorno sobre o investimento suficiente para seguir em frente.

Tudo isso está mudando. Por isso, esta seção vai discutir três desdobramentos inter-relacionados que envolvem aprender com o cliente: a cocriação, a análise do usuário líder e o *crowdsourcing*.

Cocriação. As empresas estão simplesmente deixando de recolher as reações dos clientes para tomar a iniciativa de *convidá-los* a participar da criação e do desenvolvimento de novos produtos. O método tradicional em relação à inovação de produtos, centrado na empresa, está dando lugar a um mundo no qual as empresas cocriam os produtos com os consumidores.[7] Em geral, as marcas fazem isso usando novas tecnologias e criando espaços digitais nos quais as pessoas podem propor, avaliar ou aperfeiçoar ideias. Outra alternativa é pedir às pessoas que deem opiniões e avaliações sobre ideias que a empresa está cogitando desenvolver. A cocriação costuma atrair consumidores e clientes altamente engajados com a marca ou a categoria, propiciando-lhes ferramentas on-line (e off-line) para expressar suas ideias e ajudando a orientar os designers no desenvolvimento de protótipos. Isso pode ser feito via sessões de trabalho cara a cara, semelhantes a encontros de grupos focais, para as quais pessoas de fora da empresa são convidadas.[8]

A cocriação é particularmente útil nos mercados B2B (*business-*

-*to-business*) e de serviços por serem setores em que o contato direto com o cliente é essencial e a inovação exige certo grau de coordenação entre os inovadores e seus clientes-alvo. A Boeing trabalha em conjunto com cada companhia aérea cliente a fim de customizar as características desejadas. Em alguns casos, a cocriação se dá depois que a empresa fez todos os testes do próprio produto internamente (o "estágio alfa") e considerou os resultados satisfatórios. Ela passa, então, ao "estágio beta", no qual seleciona alguns clientes leais para testar o produto e contribuir com novas ideias de aperfeiçoamento.

A cocriação também é eficaz em mercados altamente dinâmicos, expostos a modismos efêmeros e transformações nas preferências do consumidor, assim como a um fluxo contínuo de novos conhecimentos. A Wikipédia é uma rede colaborativa que se tornou indispensável. A Cisco e a Microsoft fornecem diversas ferramentas para desenvolvimento colaborativo de produtos. Eis outros três exemplos:

1. A **Harley-Davidson** angariou um conjunto de fãs de motocicletas entusiasmados, que consideram suas Harleys um elemento importante da vida. Esses fãs aderem a diversos HOGs (*Harley Owner Groups*, grupos de donos de Harleys), que se reúnem e viajam juntos. Parte desses fãs tem enorme conhecimento sobre como se produz uma motocicleta; alguns dos que moram perto da sede da Harley, em Milwaukee, no estado americano de Wisconsin, pedem para visitar a fábrica ou colaborar com os engenheiros. Não exigem pagamento em troca – é só pela diversão e pelo desafio de criar motocicletas melhores.

2. A **Lego**, fabricante dinamarquesa de brinquedos, cria tijolinhos de plástico para montar e busca desenvolver novas estruturas que possam ser construídas com os blocos. A empresa convida jovens a bolarem os próprios designs no site; alguns visitam a sede, aprendem com os designers e chegam até a propor e elaborar novos projetos.

3. A **Bush Boake Allen** (BBA), fornecedora global de aromatizantes para empresas como a Nestlé, criou um kit de ferramentas que permite ao consumidor elaborar os próprios aromatizantes, que a BBA, então, produz industrialmente.[9]

A cocriação também pode ser aplicada naquilo que é chamado de "pesquisa painel", ou "painel consultivo de clientes". Nesse tipo de situação, a empresa mantém contato regular com uma amostra fixa de clientes selecionados, de quem recolhe dados sobre novas ideias e possibilidades de forma contínua.

Análise do usuário líder (lead user). As empresas podem aprender muito analisando os clientes que conhecem mais profundamente os seus produtos e que identificam a necessidade de aprimoramentos antes dos demais consumidores.[10] Eric von Hippel, professor de inovação tecnológica no MIT, capacitou empresas a usar a Análise do Usuário Líder – processo que lhes permitirá identificar e, em seguida, recrutar "usuários líderes" para o processo de criação do produto. Esse sistema se baseia no princípio de que, quando se trabalha com clientes inovadores, eles mais cedo ou mais tarde bolarão ideias de produtos inovadores. É uma técnica que exige que a marca reúna usuários ou clientes que sejam especialmente inovadores, para que apontem problemas e soluções. O maior desafio reside em determinar como identificar esses clientes e convencê-los a participar dessas sessões. A 3M Company, uma das empresas do setor industrial mais inovadoras do mundo, lançou 1.200 produtos novos em 2012. Ela criou um programa chamado "Submeta sua ideia", que incentiva o pessoal a apresentar ideias para avaliação, desenvolvimento e registro de patentes. A 3M possui um catálogo de 55 mil produtos.

Para dar um exemplo de usuários líderes que inventam algo novo de forma acidental, pense em como surgiram as *mountain bikes*. Essas bicicletas apareceram depois que jovens começaram a subir e descer montanhas com suas bicicletas. Quando elas começaram a quebrar, os jovens passaram a reforçar as bicicletas, adicionando freios de motocicletas, suspensões melhores e acessórios. Então, as empresas aproveitaram essas inovações criadas de forma independente.

Crowdsourcing. Usa-se o termo *crowdsourcing* para descrever um indivíduo, um grupo ou uma organização que decide pedir ideias ou soluções a outras pessoas, em geral o público, mas também pode ser uma solicitação a grupos específicos. A internet facilitou o uso do *crowdsourcing* porque os pedidos de ajuda ou participação podem ser transmitidos de forma viral a incontáveis pessoas.

As empresas estão recorrendo cada vez mais ao *crowdsourcing* para convidar o público a ajudar na criação de conteúdo, software ou anúncios, muitas vezes oferecendo prêmios em dinheiro ou um momento de fama como incentivo.[11] A seguir, dois exemplos de empresas que utilizaram esse recurso:

1. A Fiat, montadora italiana de automóveis, desenvolveu o primeiro carro por *crowdsourcing*, batizado de Fiat Mio.[12] O projeto Fiat Mio foi lançado no Brasil, convidando gente do mundo inteiro a enviar ideias daquilo que gostariam em um carro-conceito futurista. Mais de 17 mil participantes enviaram mais de 11 mil ideias. A Fiat analisou essas ideias, iniciou a construção do Mio no começo de 2010 e lançou-o no Salão do Automóvel de São Paulo, em outubro de 2010, dando continuidade depois disso ao aprimoramento do carro-conceito.
2. A Cisco, empresa de equipamentos para redes de computadores, organiza um concurso externo de inovação que concede o I-Prize.[13] Ela convida equipes de fora da empresa a trabalharem com a Cisco no comando de um negócio de tecnologia emergente. O ganhador recebe um bônus contratual de 250 mil até 10 milhões de dólares em financiamento pelos dois primeiros anos. A lógica da Cisco ao criar esse concurso – que

atraiu mais de 1.200 inscritos de 104 países – é simples: "Em muitas partes do mundo existe gente incrivelmente inteligente, com ideias incríveis, que não tem acesso absolutamente nenhum a capital para pegar uma grande ideia e transformá-la em negócio." Os jurados aplicam cinco critérios principais: (1) A ideia trata de uma questão realmente incômoda? (2) Vai ter apelo para um mercado grande o bastante? (3) É o momento ideal para lançar essa iniciativa? (4) Se escolhermos uma ideia, saberemos executá-la com excelência? (5) Temos como explorar essa oportunidade a longo prazo? O público julgou os inscritos em um fórum on-line no qual, muitas vezes, os comentários detalhados foram mais úteis para a Cisco do que as próprias ideias. O vencedor do concurso inaugural foi um plano de uma rede de eletricidade inteligente acionada por sensores. O *crowdsourcing* também dá ao consumidor a sensação de proximidade, levando a uma imagem e um boca a boca mais favoráveis para a empresa.[14]

O Esquema 4.5 resume sete formas pelas quais as empresas podem aprender com os clientes a melhorar aquilo que oferecem.[15]

Esquema 4.5 Sete formas de obter novas ideias junto aos clientes

1. *Observe como o cliente usa seu produto.* A Medtronic, empresa de equipamentos médicos, faz a equipe de vendas e os pesquisadores de mercado observarem periodicamente como os cirurgiões de coluna usam seus produtos e os da concorrência, a fim de aprender a melhorar os da empresa.
2. *Pergunte ao cliente que problemas ele tem com seus produtos.* Ao reconhecer que os consumidores ficavam aborrecidos quando as batatas chips esfarelavam e ficavam difíceis de conservar depois que o pacote era aberto, a Procter & Gamble lan-

çou as batatas Pringles, de tamanho uniforme e acondicionadas em uma lata protetora similar às de bolas de tênis.

3. *Pergunte ao cliente qual é o seu produto dos sonhos.* Pergunte a eles o que querem que o produto faça – mesmo que seja um ideal que pareça impossível. Um fotógrafo de 70 anos disse à Minolta que queria uma câmera que melhorasse a aparência dos fotografados, escondendo as rugas e o envelhecimento. A Minolta reagiu produzindo uma câmera com duas lentes – uma delas para suavizar imagens de pessoas mais velhas.

4. *Use um painel consultivo de clientes para comentar as ideias de sua empresa.* A Levi Strauss implantou painéis de jovens para discutir estilos, hábitos, valores e envolvimento com a marca. A Cisco, por sua vez, realiza fóruns de clientes para melhorar suas ideias.

5. *Use sites para novas ideias.* As empresas podem empregar mecanismos de busca, como o Technorati e o Daypop, para localizar blogs e posts relevantes para o negócio. O site da P&G tem seções "Estamos à escuta" e "Compartilhe suas ideias", e sessões de "feedback de aconselhamento" para recolher conselhos e feedback dos consumidores.

6. *Forme uma comunidade de entusiastas da marca que discutam seu produto.* A Sony organizou diálogos colaborativos com consumidores no codesenvolvimento do PlayStation 2.

7. *Incentive ou desafie os clientes a mudarem ou aprimorarem o seu produto.* A Salesforce.com permite que os usuários desenvolvam e compartilharem novos aplicativos usando ferramentas simples de programação. A LSI Logic Corporation, designer de semicondutores e software, disponibiliza aos clientes kits de ferramentas "faça você mesmo", que lhes possibilitam elaborar os próprios chips especializados; e a montadora BMW postou em seu site um kit de ferramentas que permite ao cliente bolar ideias usando telemática e serviços on-line de bordo.

As empresas também podem envolver parceiros de outros canais no processo de inovação. Em um mercado B2B, coletar informações de distribuidores, varejistas e fornecedores pode proporcionar insights e informações mais diversificados.[16]

Os concorrentes são outro grupo que convém observar de perto, porque isso permite à empresa descobrir aquilo de que o consumidor gosta e não gosta em relação aos produtos dos rivais. As marcas podem adquirir o produto da concorrência, desmontá-lo e elaborar outro melhor.

A tecnologia é outra fonte de ideias novas. Sua organização precisa fazer uma varredura dos novos setores com potencial para criação de novos produtos e empregos. Entre essas novas tecnologias estão:

- Robótica
- Inteligência artificial
- Neurociência
- Tecnologia da informação
- Nanotecnologia
- Biotecnologia
- Bioengenharia
- Mídias sociais e digitais
- Ciências da energia
- Ciências alimentares
- Tecnologias da educação

Esperamos que essas ciências e tecnologias ensejem novos setores, produtos e serviços que atendam às necessidades e aos desejos do ser humano. O Esquema 4.6 relaciona algumas dessas áreas.

Esquema 4.6 Setores, produtos e serviços emergentes relacionados a diferentes áreas de necessidade humana

ÁREAS CENTRADAS NO SER HUMANO	NOVOS SETORES E PRODUTOS
Saúde	Engenharia genética, biotecnologia, medicina personalizada, testagem de DNA, telemedicina, pílula do dia seguinte, asilos, *home care*, curas do câncer, diabetes, problemas renais, curas rápidas para vício em cigarro e drogas, hospitais-dia, cirurgia endoscópica, angioplastia
Educação	Educação a distância, autoaprendizado pela internet, escolas charter
Entretenimento	Cinema 3-D, cinema holográfico, viagens e experiências virtuais, filme e fotografia digital, YouTube
Segurança	Irradiação de alimentos, despoluição do ar e da água, biometria, aparelhos de controle de tráfego aéreo, sistemas de alarme
Corpo humano	Novos aparelhos para exercícios, bioengenharia de órgãos
Ócio	Máquinas robóticas, inteligência artificial, transporte pessoal (Segway), trens-bala, impressão 3-D, impressão sob demanda, nanotecnologia, varejo on-line, celulares
Moradia	Casas pré-fabricadas, casas pré-moldadas
Forças armadas	Soldados-robôs, drones, aeronaves sem piloto
Energia	Engenharia solar, moinhos de vento, energia nuclear, baterias para automóveis
Meio ambiente	Chaminés, sistemas de filtragem

Essas promissoras áreas de inovação não devem ser desenvolvidas apenas por grandes empresas; também exigem que indivíduos, grupos reduzidos e empresas de pequeno e médio porte façam suas descobertas. Alguns dos empreendedores de fundo de garagem já mencionados provavelmente desenvolverão novos produtos químicos, materiais, componentes, ferramentas, chips e outros itens que nos permitirão progredir rumo a avanços ainda maiores. Charles Goodyear, por exemplo, inventou a borracha vulcanizada em uma cabana de madeira, em 1839.

Toda organização deve analisar quais dessas oportunidades são mais promissoras. A Samsung Electronics, atualmente a maior empresa de tecnologia do mundo em termos de vendas, elaborou seus planos de entrada por setor. Segundo a revista *The Economist*, a Samsung planejava investir 20 bilhões de dólares em cinco áreas – painéis solares, iluminação de LED energeticamente eficiente, aparelhos médicos, medicamentos de biotecnologia e baterias para carros elétricos – que têm em comum duas características cruciais: elevado crescimento em razão de novas normas ambientais (energia solar, luzes de LED e carros elétricos) e demanda explosiva em mercados emergentes (aparelhos médicos e medicamentos). A Samsung também tira proveito do potencial de fabricação em grande escala, reduzindo custos.[17]

Outra fonte externa de novas ideias tecnológicas é observar o que vem acontecendo em economias de países em desenvolvimento. Eis dois exemplos de inovação tecnológica na China:

1. **Equipamentos de diagnóstico ultrassônicos móveis.** A China Mindray Company inventou um equipamento móvel de diagnóstico ultrassônico por imagem destinado ao uso por médicos do interior. Ao contrário dos equipamentos médicos de imagem caros e pesados, para grandes hospitais urbanos, os aparelhos pequenos e transportáveis da Mindray disponibilizaram aos médicos das áreas rurais uma ferramenta de diagnóstico acessível e prática. Trata-se de um equipamento móvel que também pode ser interessante para uso na zona rural de países desenvolvidos.
2. **Inovação da BYD em baterias para automóveis.** Com sede em Shenzhen, a BYD, fabricante de automóveis e baterias, elaborou uma nova tecnologia que reduz drasticamente o tempo de recarga das baterias, se comparada às das três maiores montadoras americanas. Em 2008, Warren Buffett investiu 250 milhões de dólares em 10% de propriedade da BYD.

Visivelmente, muita coisa vem acontecendo na China, na Índia e em outros países em desenvolvimento em termos de inovação. A mensagem aqui é: fique de olho em tendências tecnológicas e sociais no mundo inteiro em busca de pistas para bolsões de oportunidades.

Como você pode formalizar o processo de inovação?

Sua empresa precisa implantar um processo bem definido de coleta de ideias e de passagem da ideia inicial para um produto final ou serviço que possa ser lançado com confiança.

O processo stage-gate. A maioria das empresas usa o processo *stage-gate* (estágios-portões), apresentado no Esquema 4.7.

Esquema 4.7 Os oito passos do processo *stage-gate*

1. Geração de ideias
2. Filtragem de ideias
3. Desenvolvimento do conceito e testagem
4. Elaboração da estratégia de marketing
5. Análise do negócio
6. Desenvolvimento do produto
7. Testagem no mercado
8. Comercialização

O processo de inovação começa pela geração de uma grande quantidade de ideias, que depois são peneiradas de acordo com um conjunto de critérios cujo objetivo é selecionar algumas poucas merecedoras de maior reflexão. Em seguida as empresas refinam essas ideias para transformá-las em conceitos e testar sua relevância e seu interesse. Também devem refletir sobre a estratégia de marketing que seria usada em seu lançamento. Isso lhes permite, então, preparar uma análise de custos, riscos e retorno provável do negócio, em caso de um lançamento bem-sucedido do produto. Se o resultado for positivo, a empresa passa a desenvolver um protótipo e em seguida o produto propriamente dito, realizando novos testes de mercado e chegando, finalmente, à comercialização.[18]

A ideia central é que a empresa precisa, ao final de cada estágio, tomar a decisão de seguir em frente ou não. À medida que o produto avança por esses estágios, os responsáveis por seu desenvolvimento vão recolhendo uma grande quantidade de informação. Esses dados podem ser favoráveis à continuidade do projeto ou indicar que ele deve ser descontinuado. Quando a empresa decide dar prosseguimento a todo o processo de desenvolvimento até o lançamento e este se revela uma decisão errada, é porque ocorreu um grande erro no caminho. O mesmo pode-se dizer quando a empresa descontinua o desenvolvimento do projeto em algum estágio e, na verdade, o produto teria sido altamente bem-sucedido.

Embora o esquema *stage-gate* seja linear, isso não significa que seu usuário avance sempre para o próximo estágio. Quando o teste do produto junto ao consumidor dá errado, a empresa pode retornar ao estágio anterior do desenvolvimento do produto e realizar alterações. Quando a análise de pré-comercialização do produto é insatisfatória, o projeto pode ser abandonado ou a estratégia de marketing pode ser revista, levando a uma nova estimativa de riscos e retorno.

O processo de inovação A-F. A realização do processo de desenvolvimento do novo produto exige que os diversos integrantes da empresa desempenhem uma série de papéis. Cada indivíduo possui certas habilidades e se relaciona de diferentes formas com os demais atores. O professor Fernando Trias de Bes, da Esade, e Philip Kotler identificaram seis papéis que os envolvidos precisam desempenhar de modo a gerir o processo de inovação de forma mais hábil.[19] Esses seis papéis são:

1. Ativadores
2. Buscadores

3. Criadores
4. Desenvolvedores
5. Executores
6. Facilitadores

Os *ativadores* são aqueles que acompanham diversas transformações – técnicas, econômicas, sociais ou políticas – à espreita de oportunidades para a empresa. Os *buscadores*, por sua vez, pesquisam na internet qualquer oportunidade de interesse e realizam entrevistas para obter um quadro mais profundo dos fatos que podem afetar essa oportunidade. Uma oportunidade promissora é passada a uma equipe de *criadores* para elaborar e testar um conceito já refinado. Caso o resultado dos testes seja robusto e positivo, esse conceito é entregue à equipe de *desenvolvedores*, que pode preparar e testar um protótipo e – em caso positivo – desenvolver um método de produção. Quando o produto já foi elaborado e o mercado, testado, o departamento de marketing o repassa à equipe de *executores*, para o lançamento do produto. Ao longo do processo, há *facilitadores*, que, basicamente, financiam o trabalho para garantir que ele avance até ser concluído.

O Esquema 4.8 relaciona as habilidades que cada um dos seis atores do A-F possui no processo de inovação. O esquema também mostra (nos círculos) o fluxo seguido por determinado projeto ao longo do desenvolvimento. Perceba que apenas um subconjunto de habilidades foi necessário para levar o projeto a cabo. É possível até calcular o custo de um fluxo específico, estimando as horas e os custos que cada etapa (círculo) envolve.[20]

Esquema 4.8 O modelo A-F ilustrado

A Ativadores	B Buscadores	C Criadores	D Desenvolvedores	E Executores	F Facilitadores
Escopo de inovação	Revisão de inovações	Sinética	Definição de conceito	Experimentação	Avaliação subjetiva
Níveis de inovação	Análise de categorias adjacentes	Estratégia do oceano azul	Teste conceitual	Morphing	Níveis de teste
Foco da inovação	Consultoria interna	Análise morfológica	Imagens	Evolução dos KPIs	Método Delphi
Orientações de inovação	Tendências sociais/ classes sociais	Marketing lateral	Análise conjunta para definição de atributos	Evolução marginal seguinte	Técnica de grupo nominal
Checklist de inovação	Tendências de mercado	Listagem de atributos	Desenho	Intensidade no *Average True Range*	*Rating* no âmbito da empresa
	Processo de aquisição	Análise de cenários	*Mock-ups*	Teste de área	Phillips 66
	Rotas de inovação	Visitas	Protótipos	Teste de mercado	Seis Sigma
	Soluções tecnológicas	Cocriação	Teste de produto	Teste de produto	Custo--benefício
	Design	Redefinição do Valor do Cliente	Uso / teste doméstico		Estimativa da demanda
	Estratégias e táticas bem--sucedidas / Aprendizado com erros	Brainstorming	Teste de área		Perdas e lucros
	Monitoramento de redes		Linhas-mestras do plano de marketing		Análise do ROI
	Etnografia		Patentes		Construção de cenários
	Geolocalização				Teste de mercado

▶ Que ferramentas criativas sua empresa pode usar para achar novas ideias para crescer?

Discutimos as diversas fontes a partir das quais as empresas podem coletar ideias para novos produtos e serviços. Quais desses métodos, especificamente, estão disponíveis para sua empresa? Aqui examinamos as principais ferramentas criativas para a geração de ideias e conceitos: *brainstorming, sinética, estratégia do oceano azul e inovação do modelo de negócios, análise morfológica, lista de atributos, marketing lateral, visitas e viagens* e *redefinição do valor do cliente*. Vamos descrever cada uma dessas técnicas, com um exemplo e estudos de caso.

Brainstorming. Essa famosa técnica foi desenvolvida por Alex Osborn. Ele reunia um grupo de pessoas, apresentava a elas um problema bem definido e a partir daí incentivava o pensamento sem limitações, voltado para gerar o maior número possível de ideias. Nesse estágio, nenhuma crítica às ideias é aceita. A intenção de Osborn era ensejar novas combinações, com base em operações como substituição, eliminação, combinação/rearrumação/transposição ou exacerbação de elementos. Terminada a parte do brainstorming, o grupo fazia suas críticas e eliminava a maior parte das ideias até sobrarem algumas "vencedoras".

Sinética. Esse é um método de resolução de problemas no qual a verdadeira questão não é explicitada com clareza ao grupo. Primeiro incentiva-se o grupo a pensar sobre alguma outra coisa, que leva mais adiante à revelação do verdadeiro problema sob uma nova luz.

Esse método foi criado na década de 1960 por George M. Prince e William J. Gordon e envolve quatro etapas:

1. A ideia básica é definir o problema ou a área em que se quer inovar, especificando alguns de seus elementos.

2. Em seguida, pensa-se em duas situações, esquemas ou fenômenos naturais análogos, ou qualquer coisa que tenha relação com um ou mais elementos do problema.
3. Depois faz-se uma descrição desses fenômenos.
4. Por fim, buscam-se possíveis interconexões com os elementos do problema.

Um exemplo disso ocorreu quando a NASA planejou projetar um traje espacial hermético. Isso não foi dito aos participantes. Foi dito a eles que pensassem em como "fechar" alguma coisa, dando origem a ideias como zíperes, ninhos, botões, cola e assim por diante. À medida que o processo foi avançando, eles recebiam mais informações, como: "A questão é fechar uma peça de roupa." Por fim, o grupo conseguiu bolar várias ideias para fechar um traje espacial.

Estratégia do oceano azul e inovação do modelo de negócios. A estratégia do oceano azul foi elaborada por W. Chan Kim e Renée Mauborgne para redefinir um setor no qual você compete, criando, assim, novos oceanos (novos setores ou mercados) livres de concorrência. O objetivo é superar mercados fragmentados, hipercompetitivos, saturados pela concorrência (apelidados de "oceanos vermelhos", em referência à luta sangrenta entre os concorrentes), de modo a criar novos espaços nos quais a concorrência seja irrelevante: em suma, monopólios temporários.

A técnica principal de criação de oceanos azuis consiste em elaborar um *mapa estratégico* incluindo os principais fatores de concorrência, investimento e entrega de valor ao cliente em determinado setor. Cada fator é então analisado e é adotada uma de quatro ações possíveis:

1. **Reduzir** (que fatores devem ser reduzidos muito abaixo da média do setor?)
2. **Eliminar** (que fatores o setor considera garantidos e que podem ser eliminados?)

3. **Aumentar** (que fatores podem ser aumentados bem acima da média do setor?)
4. **Criar** (que fatores podem ser criados porque nunca foram oferecidos nesse setor?)

Essas ações possibilitam que a empresa redefina completamente suas ofertas, custos e o valor entregue ao cliente. O mais famoso exemplo da estratégia do oceano azul é o Cirque du Soleil. Os fatores definidores do mundo do circo tradicional são o preço do ingresso, a exibição das estrelas, os espetáculos com animais, a concessão para venda de alimentos, a multiplicidade de arenas, a diversão e o humor, o suspense e o perigo e o cenário singular. Aplicando as quatro ações a cada um desses fatores, a marca reinventou completamente o circo.[21] Em vez de pagar barato para sentar-se em um banco de madeira sob uma enorme tenda e assistir a truques com cavalos, leões e outros animais, o público paga bem mais caro para sentar-se em um auditório de primeira classe e assistir a uma performance surreal, de enorme drama e movimentação.

A estratégia do oceano azul é ideal para o desenvolvimento de novos mercados (novos consumidores, necessidades ou situações) e inovação do modelo de negócios. E foi isso que produziu marcas como Starbucks, Amazon, Ikea, Tesco e Dollar. Segundo ela, ou você inventa um modelo novo para seu negócio, ou será vítima de um.

Análise morfológica. Criada pelo astrônomo suíço Fritz Zwicky, a análise morfológica busca resolver problemas por meio da análise e da alteração das partes integrantes.[22] Vamos observar um exemplo. O primeiro passo exige que seja definido o objetivo: queremos criar um lápis melhor. No segundo passo, analisamos os atributos de seus componentes: tamanho, ponta, tipo de material, tipo de grafite, cor, acessórios e preço. No terceiro passo, relacionamos as opções para cada atributo – por exemplo, se a cor do lápis deve ser amarela ou vermelha. No passo quatro, selecionamos uma opção para cada atributo. Por fim, no passo cinco, avaliamos todos os anteriores, perguntando: como seria um lápis barato, grande, de madeira, ponta fina, de grafite não cambiável, com apontador e borracha?

Podemos experimentar, avaliar e aprimorar outras opções até ficarmos satisfeitos com o resultado. A análise morfológica é uma técnica ideal para inovar um produto físico ou o projeto de um serviço. Pode ser aplicada para a introdução de inovações marginais, extensões de linhas de produtos, aprimoramentos incrementais e localização de nichos dentro de determinada categoria. Geralmente, leva a uma inovação mais tática do que estratégica, embora isso dependa do problema em questão. Como sua metodologia se baseia nos atributos existentes e não introduz novas possibilidades de fora da caixa, também tende a produzir inovações menos radicais.

Lista de atributos. Trata-se de um tipo especial de análise morfológica que se concentra somente nos atributos ou características do produto ou serviço que você deseja alterar. Você relaciona as características do seu produto ou serviço e, em seguida, aumenta ou reduz seu número. Depois verifica como seria o produto resultante, se ele poderia interessar alguns de seus clientes em potencial ou ampliar o volume ou a frequência de consumo dentre os clientes atuais.

Por exemplo, suponha que você queira lançar um novo tipo de salada. Depois de fazer uma lista de suas qualidades e características (isto é, os ingredientes), você decide mexer com a intensidade de suas propriedades: uma salada leve, fácil de comer e digerir, rica em proteínas, mas com baixo teor de sódio, sais minerais e fósforo. Em seguida, você experimenta diferentes possibilidades, até chegar àquela ou àquelas com o potencial de se tornar um conceito novo.

Quase todas as extensões de linhas de produtos e serviços são feitas, direta ou implicitamente, usando essa técnica: por exemplo, refrigerantes sem açúcar e sem cafeína, produtos enriquecidos com vitaminas e assim por diante.

Marketing lateral. Fernando Trias de Bes e Philip Kotler elaboraram o conceito do *marketing lateral*, que envolve substituir um produto ou serviço atual por uma inovação que resulte de uma mudança de necessidade, situação ou cliente. Por exemplo, os postos de gasolina costumavam consistir em um pequeno conjunto de bombas de gasolina com um frentista que enchia o tanque e cobrava o dinheiro. Hoje, a maioria dos postos de gasolina possui um atendente, que em alguns casos ainda opera o caixa, em uma loja que vende alimentos, bebidas e itens diversos a fim de atender a uma série de necessidades do viajante, que também precisa encher o tanque. Os postos de gasolina de hoje ganham tanto dinheiro com alimentação quanto com combustível.

Como poderíamos começar a pensar em melhorias possíveis, como essa, ou transformações em mercadorias ou em um serviço? A resposta costuma ser chamada de *pensar fora da caixa*. Imagine, por exemplo, uma fabricante de cereais em busca de algo a mais a fazer além de colocar cereais em uma caixa. Suponha que os amantes de cereais relatem que gostariam de comer cereais na rua, mas que não querem carregá-los no bolso ou em um saco de plástico. A solução: a Kellogg lança uma barra de chocolate cujo ingrediente principal é o cereal em uma embalagem atraente.

Ou imagine um grupo educacional que queira fornecer treinamento para um MBA, mas não possua nenhum prédio ou terreno. Que tal proporcionar treinamento on-line, pela internet (ensino a distância) ou organizar aulas para gestores em um vagão especial no trem que faz o trajeto de uma hora e meia entre Long Island e Manhattan?

Nesses casos, a questão é como atender uma necessidade nova com uma situação nova – talvez para um tipo diferente de cliente. A Nestlé já usou o marketing lateral em várias ocasiões. Isso a levou a desenvolver o Green Coffee ("café verde", uma analogia com as propriedades para a saúde – antioxidantes – do chá-verde). Isso também a levou a lançar o Nesquik Night – uma bebida à base de cacau em pó para crianças, feita para o consumo antes de dormir, e não no café da manhã. O marketing lateral é ideal para encontrar rotas inovadoras a fim de diferenciar sua oferta das ofertas dos concorrentes.

Visitas e viagens. Esse método consiste em visitar locais pensando que aquilo que observamos pode nos servir como inspiração e estimular a geração de novas ideias. Os profissionais de marketing costumam visitar estabelecimentos ou locais nos quais os consumidores fazem compras, comem ou utilizam produtos e serviços. Podem entrevistar os consumidores em relação aos problemas que enfrentam e fazer perguntas sobre suas necessidades, aspirações e desejos em relação a novos produtos. Muitas vezes, é particularmente estimulante visitar outros países para observar a relação do consumidor estrangeiro com nossa categoria de produto, em busca de ideias novas.

A Starbucks Corp. emprega essa técnica. Michelle Gass, vice-presidente sênior da Starbucks para gestão setorial, levou sua equipe para Paris, Düsseldorf e Londres a fim de visitar as lojas locais da rede e outros estabelecimentos e conhecer melhor as culturas, os comportamentos e os modismos desses lugares. "Você simplesmente volta cheio de ideias diferentes e formas diferentes de pensar sobre as coisas", diz Gass.[23]

Redefinição do Valor do Cliente. Podemos descrever o processo de redefinição do valor do cliente como a alteração do valor que o cliente obtém de nossos produtos ou serviços. Cada transação é composta por dois elementos: o esforço do consumidor (o preço pago, o tempo passado informando-se e realizando a compra, o risco associado à decisão, etc.) e o produto ou serviço recebido em troca. O valor é a relação entre aquilo que o cliente obtém e o esforço realizado. É possível, portanto, aumentar o valor do cliente de duas maneiras: (1) dando mais (qualidade ou quantidade) pelo mesmo preço; ou (2) oferecendo o mesmo produto por um esforço total menor do cliente, facilitando um ou mais dos elementos que entram nessa conta.

A aplicação dessa teoria é muito simples. (1) Analisamos o valor do cliente perguntando: o que é que entregamos? Que esforço nosso cliente tem que fazer? (2) Estabelecido isso, jogamos com nossas opções para aumentar, reduzir ou eliminar esses esforços, de modo a enxergar se há uma elevação final no valor para o cliente. (3) Uma vez encontrada essa combinação nova, fazemos a conexão e o desenvolvimento da ideia e transformamos a combinação resultante em um novo produto, serviço ou modelo de negócios.

Por exemplo, podemos oferecer serviços pós-venda – item altamente lucrativo para a empresa. Ou podemos propor substituir um produto danificado ou defeituoso por outro novo, dando, assim, opções ao cliente. A Ikea, fabricante de móveis, oferece ao cliente uma economia ao transferir para ele a montagem da mobília, mas, se ele preferir que a Ikea faça a montagem, é possível obter o serviço por uma taxa.

Qual é o papel do empreendedor externo na criação de novas ideias e empregos? Até aqui, discutimos sobretudo o papel das empresas no desenvolvimento e na gestão do processo de inovação. No entanto, os países não conseguem alcançar um crescimento elevado apenas por meio do esforço de empresas estabelecidas. Grande parte do crescimento econômico vem de empreendedores que têm ideias brilhantes, trabalham nelas em casa ou na garagem (*à la* Steve Jobs e Bill Gates) e depois correm atrás de financiamento de amigos, parentes, "anjos" e, por fim, fundos de capital de risco ou empréstimos bancários.[24] O que começou como um frutinho na garagem de Steve Jobs virou uma enorme macieira chamada Apple – hoje uma das empresas mais capitalizadas do planeta.

Sabe-se que, nos últimos anos, os empreendedores foram responsáveis por mais empregos gerados nos Estados Unidos do que as grandes empresas. Na verdade, a maioria das empresas reduziu o total de vagas em razão da automação, da internet e da externalização *offshore*. Os empreendedores, por sua vez, *criaram* empregos. Mas é preciso fazer mais para ajudá-los a obter o financiamento necessário para abrir suas empresas.

Infelizmente, não existe um jeito fácil de identificar e dar apoio a empreendedores promissores. Um método é encorajar as universidades a se esforçarem mais na ajuda ao corpo discente, oferecendo soluções para a obtenção de financiamento. Elas deveriam ter interesse nisso, uma vez que cada vez mais compartilham os lucros advindos da pesquisa acadêmica. O número de empresas terceirizando a pesquisa aplicada a institutos universitários de pesquisa tem aumentado em razão do menor custo e do maior "frescor" oriundo de uma perspectiva de quem está fora da companhia.

Outro desdobramento é que o governo americano vem transferindo o foco da ciência básica à P&D translacional e desta ao impulso à inovação aplicada. O empecilho aqui, porém, é que o serviço americano de patentes tem uma fila de 18 a 24 meses. Há uma necessidade premente de apoio a empreendedores de boa-fé – e ele pode vir de capital de risco e fundos de *private equity* abertos a ouvir novas propostas. Qualquer país em busca de crescimento precisa reconhecer que são os empreendedores que representam a maior esperança de criação de empregos. Assim, os países precisam fazer o necessário para incentivar e apoiar os empreendedores locais.

Muito esforço empreendedor vem sendo feito no mundo em desenvolvimento – sobretudo no desenvolvimento de novas ferramentas e novos produtos que visam reduzir custos. Veja o que tem ocorrido na Índia.[25]

- A Jaipur Foot produz pés protéticos de borracha, voltados para amputados transtibiais. Cada prótese custa aproximadamente 30 dólares – muito menos que os 10 mil dólares de uma prótese similar nos países do Ocidente. Eles são distribuídos pela BMVSS, uma organização sem fins lucrativos que atende cerca de 16 mil pacientes por ano na Índia e envia as próteses para milhares de pacientes do mundo inteiro.

- O sistema Aravind Eye Care, fundado em 1976, é o maior provedor mundial de cirurgias de catarata. Cobra em torno de 2% do que custa uma operação similar nos países desenvolvidos e consegue lucro, apesar de tratar de graça 60% de seus pacientes.
- O centro de atenção cardiológica Narayana Hrudayalaya, com sede em Bangalore, foi inaugurado em 2001 e hoje é um dos maiores provedores de cirurgias cardíacas e outras formas de cuidados cardiológicos. O centro também atende por telemedicina pacientes que recebem consultas e tratamentos em localidades distantes e têm acesso aos especialistas por meio de telecomunicações por internet e satélite.
- O preço de um quarto de hotel de estilo ocidental em Bangalore costuma ser de 300 dólares por noite. Mas no moderno hotel indiOne – onde cada quarto tem banheiro privativo, TV de tela plana, frigobar, máquina de café e mesa de trabalho – custa apenas 20 dólares e dá bastante lucro.

Podemos imaginar que a etapa seguinte seria que essas organizações empreendedoras trouxessem suas soluções para o mundo desenvolvido – rompendo, assim, a estrutura altamente custosa do Ocidente.

Sempre existem oportunidades de criação de novos produtos e serviços. Embora essas oportunidades possam parecer mais escassas durante recessões, o próprio advento da recessão enseja a busca por respostas novas. Qualquer empresa que ofereça um produto ou serviço tem como pensar em formas de modificá-lo, recombiná-lo, oferecê-lo com outras dimensões, acrescentar ou subtrair atributos ou serviços e alterar o preço. Esse é um momento em que as empresas precisam pensar fora da caixa e criar um contexto novo para suas ofertas. Por exemplo: durante a recente recessão, a Campbell reposicionou suas sopas para ser vista como uma opção de refeição mais barata. Um número maior de empresas precisa passar do marketing *vertical* – no qual uma empresa como a Campbells faria apenas sabores novos de sopa – para o marketing *lateral* – no qual a empresa em questão imagina novos usos e contextos para a sopa já existente.[26]

Podemos mencionar incontáveis exemplos de recontextualização de ofertas. Hoje é possível comprar comida no posto de gasolina; tirar o extrato do banco no supermercado; acessar o computador ou tirar fotos com o celular; ingerir medicamentos sob a forma de goma de mascar; comer cereais sob a forma de barrinha. Não dá, portanto, para achar que *não existem* oportunidades. Só dá para achar que falta a alguns profissionais de marketing a capacidade de visualizá-las. Não é porque a economia está crescendo pouco que o marketing necessariamente vai fracassar; só fracassa o profissional de marketing sem imaginação.

▶ Como você pode obter fundos para financiar o trabalho de inovação e bancar o lançamento?

Evidentemente, inovar exige atrair financiamento suficiente para cobrir o custo de desenvolvimento e posterior lançamento de um novo produto ou serviço. Para isso, em geral as empresas consolidadas costumam recorrer aos bancos. Levantar capital para uma empresa com ações em bolsa não é difícil, caso tenha crédito na praça. As grandes empresas dispõem de opções de financiamento – como a dívida não segurada (isto é, não colateralizada) – que normalmente não estão disponíveis para as pequenas empresas.

Por outro lado, vamos analisar o problema de financiamento vivido por uma jovem empreendedora. Pode ser que ela tenha uma ótima ideia, mas ache difícil atrair financiamento. Dinheiro não falta aos bancos, mas eles relutam em emprestá-lo tendo em vista as incertezas econômicas – sem falar nas dúvidas que possam vir a ter em relação a cada proposta específica.

Essa jovem empreendedora pode começar recorrendo à própria poupança, caso a tenha. Ou, se possuir ativos como um imóvel ou uma aplicação, pode recorrer a um empréstimo com garantia. É provável que essa empreendedora apele a parentes ricos, caso os tenha. Outra opção é buscar um investidor-anjo – alguém com dinheiro suficiente que se anime com uma ideia alheia e se disponha a investir nela, o que deve depois ser acompanhado por novos investimentos de capital de risco. Todo investidor, em cada estágio do processo de investimento, irá querer um pedaço do negócio em troca de seu capital; caso a ideia da empreendedora decole, ela pode lançar uma IPO (*initial public offering*) para fazer caixa, como fez Mark Zuckerberg, do Facebook, ou continuar operando a empresa de forma privada.

O talento especial que o inovador precisa ter é a habilidade para vender sua ideia. Cada possível fonte de capital tem os próprios critérios para emprestar. Há empreendedores que se empolgam tanto com a própria ideia inovadora que acham que o entusiasmo será suficiente para impressionar essa fonte de capital. Embora o entusiasmo possa ser contagiante, em geral ele não basta. Aconselhamos os jovens inovadores a ler *Attracting Investors: A Marketing Approach to Finding Funds for Your Business* (Atraindo investidores: Uma estratégia para conseguir fundos para seu negócio).[27] Uma das fontes mais empolgantes de financiamento para startups com produtos criativos é o *crowdfunding*. Abe Fetterman e a mulher, Lisa Qiu, arrecadaram 580 mil dólares pelo site Kickstarter.com para lançar um aparelho de cozinha inovador. Outra fonte de *crowdfunding* é o AngelList.

Conclusão

O mundo tem se transformado rápido demais para as empresas não se transformarem com ele. As organizações precisam avançar com sua época – e isso exige adquirir a capacidade de inovar. É claro que o risco de inovar é tão grande quanto o risco de não inovar. A maioria das empresas não será capaz de inovar incessantemente. Mas mesmo essas empresas têm que bolar *alguma* mudança em seus produtos, processos, serviços, precificação, distribuição e promoção. Precisam treinar parte da equipe não apenas a pensar fora da caixa, mas também dar a ela a liberdade de *experimentar e até fracassar*. Como se sabe, punir o fracasso é o jeito certo de matar a inovação.

> **PERGUNTAS**
>
> 1. Até que ponto sua empresa é inovadora quando comparada a seus concorrentes? Inovações da concorrência abalaram sua empresa? Por que – e de que forma – seus concorrentes superaram você em inovação?
> 2. De que forma você poderia trazer mais pensamento inovador para a empresa? Quem deveria assumir a liderança dessa iniciativa? Que marcos e medidas de progresso você definiria?
> 3. Onde você acha que poderia encontrar as melhores ideias inovadoras para o seu negócio? Empregados, clientes, parceiros da cadeia de abastecimento, concorrentes ou consultores pagos seriam opções viáveis?
> 4. Sua empresa possui um processo formal de geração e seleção de ideias, além do de execução de uma boa ideia até o lançamento do produto final? Como você poderia melhorar esse processo?
> 5. Até que ponto suas inovações são atraentes para os investidores?

5 | Crescer expandindo-se internacionalmente

Por que você roubava bancos? Bem, essa é fácil de responder. É lá que fica o dinheiro.

– Willie Sutton

A maioria das empresas começa vendendo no próprio país. Isso vale para os ramos de calçados, vestuário, doces e alimentos, entre outros. Quando o país é muito grande, a empresa tem como crescer sem deixar de ser essencialmente nacional. Isso aconteceu nos Estados Unidos, que cresceram durante um século com base sobretudo no amplo mercado doméstico. Em países pequenos, alguns produtores podem tentar produzir ou vender em outros países. Sem dúvida, quando a empresa pode ganhar mais dinheiro vendendo no exterior do que em casa, ela deve cogitar seriamente fazer negócios fora. Isso pode se dar de duas maneiras: (1) estabelecendo a empresa no exterior, por meio de investimento estrangeiro direto, ou (2) exportando bens e serviços do seu mercado local para o internacional.

▸ Investimento direto no exterior

A maior parte das grandes companhias americanas, e boa parte das médias e pequenas, opta pelo caminho do investimento no exterior e implanta subsidiárias. O principal objetivo de iniciar uma operação no exterior é tirar proveito das oportunidades de vendas domésticas em mercados novos e em expansão. Muitos países emergentes possuem populações grandes e com altas taxas de crescimento, o que significa mais gente que precisa de calçados, roupas, móveis e eletrodomésticos, entre outros itens. Da mesma forma, há fabricantes locais que precisam de maquinário e equipamento estrangeiros. Esses países emergentes precisam melhorar sua infraestrutura física de energia, água, estradas, ferrovias e transporte aéreo. Os países do Ocidente se destacam pela tecnologia nas áreas agrícola, militar, de indústria de ponta e em setores de serviços como finanças, seguros, direito, saúde, ensino superior e assistência social. As empresas americanas e europeias, em todos esses setores, devem pesquisar oportunidades disponíveis em diversas nações emergentes. Por exemplo, uma seguradora europeia ou americana pode pesquisar o mercado do setor nos 10 países que formam a ASEAN (Associação de Nações do Sudeste Asiático) – Brunei, Camboja, Filipinas, Indonésia, Laos, Malásia, Mianmar, Singapura, Tailândia e Vietnã – na esperança de descobrir bolsões de crescimento para diferentes tipos de seguros residenciais, de vida ou empresariais.

Outra razão para implantar uma subsidiária no exterior é criar uma base mais barata de produção de bens visando à exportação para outros países. A maior parte da produção feita no exterior vem de uma série de países de origem e é apenas montada nos países de destino. Dessa forma, a produção se tornou verdadeiramente globalizada.

Os países estrangeiros oferecem não apenas um custo trabalhista menor do que o país de origem em termos de produção; também oferecem maior versatilidade. A Apple, por exemplo, não fabrica seus produtos nos Estados Unidos por vários motivos além da redução do custo industrial. Os executivos da Apple acreditam que, em escala, as fábricas fora dos Estados Unidos – assim como a flexibilidade, a disciplina e a capacitação do trabalhador estrangeiro – superaram as similares americanas. São necessários 8.700 engenheiros industriais para supervisionar e orientar os 200 mil operários de linha de montagem que produzem os iPhones da Apple. Os analistas da empresa calculam que seriam necessários nove meses para encontrar nos Estados Unidos tamanha quantidade de engenheiros capacitados. Na China, leva 15 dias. A China também representa 12% da receita global da Apple.

Muitas pequenas e médias empresas americanas abriram subsidiárias em mercados emergentes. A China, por exemplo, tornou-se o quinto destino de investimentos mais importante para as companhias americanas. O investimento americano na China atingiu 60,5 bilhões de dólares em 2010. São empresas que produzem eletrônicos, roupas, maquinário e alimentos, bem como indústrias nos setores de química, plásticos, metais, móveis e material esportivo. Embora conheçamos bem as empresas da lista da *Fortune* das 500 maiores do mundo que estão na China, como Nike, Boeing, GM, Gap, Dow e DuPont, muitas empresas de pequeno e médio porte também operam por lá, como a Zoll Medical e a Masimo, do setor de equipamentos médicos; a Burnham, de aquecedores; a IPG, de fotônica; e várias das Melhores Pequenas Empresas dos Estados Unidos da revista *Forbes*. E o baixo custo salarial não é a única razão desse movimento. Outros fatores incluem telecomunicações, infraestrutura física, segurança física e instalações, equipamento de transporte e logística, grande quantidade de diplomados e acesso aos mercados locais.

Do ponto de vista das vendas, o Walmart gera 20% de sua receita de 420 bilhões de dólares no exterior, ao passo que a Ford ganha 51% de seus 134 bilhões de dólares fora dos Estados Unidos. A General Electric obtém 54% de sua receita em outros países e na IBM esse percentual atinge 64%. A Dow Chemical vai ainda mais longe, com 67%, e a fatia do bolo na Intel é de 85%.

O que pode causar surpresa para muita gente é que a Amazon, empresa que parece tão americana, obtém 45% de sua receita no exterior, na Europa e em países como Canadá, Japão, China e outros. Grandes empresas do agronegócio americano, como Cargill, ADM e Bunge, também têm presença mundial. Os programas de MBA e EMBA de Harvard, Yale, Stanford, Kellogg e outras grandes universidades atuam no mundo inteiro. Ainda mais significativo é que a lucratividade dessa receita estrangeira muitas vezes é bem maior do que a das vendas domésticas.

Exportações

Vamos agora voltar nosso olhar para a exportação como método de expansão dos negócios. Alguns países, como a Alemanha e o Japão, são muito voltados para a exportação. Seus produtos e serviços, de elevada reputação, são desejados por outros países. Os Estados Unidos, por outro lado, são apenas modestamente voltados para a exportação. Em 2010, grandes empresas (com mais de 500 empregados) realizavam 66,3% das exportações americanas, embora representem apenas 2,2% de todos os exportadores.[1] Os demais 97,8% dos exportadores americanos são menores, entre elas indústrias, atacadistas, mineradoras e empresas agrícolas. Em 2010, de 1.307.303 empresas com 10 ou mais empregados, 293 mil – ou cerca de 22% – eram exportadoras.[2]

Os Estados Unidos e outros países que exportam pouco precisam incentivar mais empresas a pensar, conectar-se e vender globalmente. Se não o fizerem, os Estados Unidos continuarão a importar mais do que exportam – e a lidar com um déficit e uma balança comercial negativa crescentes.

O marketing global passou a ser uma *necessidade* da Era da Globalização. Muitos países emergentes desenvolveram grandes multinacionais, que querem entrar nos Estados Unidos e na Europa com preços mais baixos. Em certa época, as sul-coreanas Samsung e Hyundai e a chinesa Haier não passavam de empresas pequenas e em dificuldade de países em desenvolvimento. Agora são *players* importantes na cena global. Os líderes das multinacionais ocidentais precisam prestar atenção nas multinacionais dos BRICS (Brasil, Rússia, Índia, China e África do Sul) e de outros países em desenvolvimento – em áreas como tecnologia da informação, automóveis, bebidas, cuidados com a pele e eletrodomésticos.

Entre as multinacionais emergentes de crescimento veloz estão, no momento em que este livro foi escrito, Acer, Arcelik, Apollo Tires, Bharti Airtel, Bimbo, Bright Food, Geely, HTC, Haier, Huawei, LG, Lenovo, Modelo, MTS, Natura, SAB-Miller, SAIC Motor Corp., Tata Motors, Tata Tea, Ulker e Vitra. São empresas que apresentam custos e preços menores, bem como alta qualidade e tecnologia moderna.

Um exemplo é a vantagem que as empresas taiwanesas do setor de eletrônicos e informática possuem em design, inovação, rapidez de reação e flexibilidade no mercado global – vantagens que as multinacionais ocidentais não têm como replicar. Os Estados Unidos e a Europa não podem mais dormir sobre seus louros, considerando a liderança como algo garantido. Em 2011, o Conselho Consultivo em Ciência e Tecnologia da Casa Branca já alertava que os Estados Unidos precisavam de uma política de inovação para conter o declínio da liderança americana. O conselho defendeu o incentivo a tecnologias como a optoeletrônica (tecnologia de iluminação e detecção), novos materiais e compostos, nanotecnologia, robótica, baterias de íons de lítio, semicondutores, equipamentos fotovoltaicos (que convertem radiação solar em eletricidade), máquinas industriais, equipamentos de comunicação sem fio e outros setores de tecnologia de ponta. Os Estados Unidos estão em sétimo lugar, atrás de Coreia do Sul, Japão, Suíça, Israel e outros países, no quesito percentual do PIB em investimento em P&D.

Existem razões para acreditar que o Ocidente – em especial os Estados Unidos – conseguirá aumentar substancialmente suas exportações.[3] Em primeiro lugar, os custos de manufatura e energia nos Estados Unidos estão diminuindo. A indústria americana depende cada vez menos de mão de obra barata, à medida que as fábricas recorrem à inteligência artificial e à automação para funcionar. E é provável que os custos com energia caiam com a descoberta de enormes reservas de gás natural e os avanços no processo de *fracking*, um método de liberação de petróleo e gás natural a partir de formações rochosas. São desdobramentos que reduzirão custos e tornarão o país mais competitivo. À medida que as nações em desenvolvimento enriquecerem, comprarão mais produtos americanos de exportação – aviões comerciais, semicondutores, automóveis e seus acessórios, produtos farmacêuticos, gás natural líquido, máquinas e equipamentos, e entretenimento – sem falar nas célebres marcas globais e nos produtos de luxo americanos e europeus.

A boa notícia é que vêm ocorrendo grandes avanços globais em informação, transporte, comunicação e serviços bancários. Todos eles ajudaram a facilitar a expansão do comércio mundial. Segundo a Organização Mundial do Comércio no momento em que este livro foi escrito, as exportações mundiais de mercadorias subiram 22% em 2011, passando de 12,5 trilhões para 15,2 trilhões de dólares em um único ano, ao passo que as exportações mundiais de serviços comerciais subiram 8%, de 3,4 trilhões para 3,7 trilhões de dólares.

Neste capítulo, gostaríamos que sua empresa analisasse as seguintes perguntas:

1. Por que ir para o exterior?
2. Em que lugar do mundo o crescimento tem sido maior?
3. Que atributos são necessários para fazer comércio exterior?

Vamos mergulhar.

Por que ir para o exterior?

À nossa volta, não faltam evidências do crescimento impressionante do comércio internacional. No Egito, você se encontra com um empresário alemão, vestindo um terno Armani, a caminho de um almoço com um amigo inglês em um restaurante japonês. No final do dia, ele prepara um drinque com vodca russa e se acomoda para assistir a uma série americana na TV egípcia. Produtos criados em um país – bolsas Gucci, canetas Mont Blanc, hambúrgueres McDonald's, sushi japonês, vestidos Chanel, BMWs alemães – são aceitos com entusiasmo no mundo inteiro. O mundo é louco por marcas. Crie uma marca forte e você terá o mundo a seus pés.

Pense nas seguintes razões principais para cogitar ir para o exterior:

- **Você está sendo atacado por empresas estrangeiras em seu país** e precisa contra-atacar no mercado doméstico delas – ou pelo menos criar dificuldades para elas. A Schweppes, empresa de bebidas britânica, entrou no mercado americano de bebidas gasosas para inibir a Coca-Cola e a Pepsi-Cola no mercado do Reino Unido. Ela acabou sendo adquirida pela Coca-Cola.
- **Você calculou que pode ter uma lucratividade maior no exterior** do que em casa. Artigos de luxo têm margem maior nos mercados asiáticos do que no europeu e no americano. Turistas chinesas compram Gucci, Coach, Louis Vuitton, Burberry e outros artigos de luxo em Nova York, Londres e Paris, onde são mais baratos do que em Xangai e Beijing.
- Ao conquistar mais clientes estrangeiros, **você pode conseguir economia de escala** que derrubará seus custos totais. A paixão global pelo iPhone e pelos iPads reduziu os custos unitários da Apple.
- **Você tem interesse em reduzir o risco de operar em apenas um país**, sobretudo quando as coisas se complicam nesse país. Diante de restrições e desincentivos fiscais nos mercados dos países do Ocidente, os fabricantes de cigarros passaram a prosperar na Ásia, na África e na América Latina.
- **Seus clientes foram para o exterior** e, sendo você o fornecedor deles, esperam que faça o mesmo. As montadoras de automóveis japonesas que se instalaram na China levaram consigo os fornecedores.

Embora a maioria das empresas consiga alcançar vantagens claras indo para o exterior, muitas costumam hesitar por causa dos diversos riscos e custos. Várias companhias relutam naturalmente em entrar no comércio exterior, sobretudo quando há mercado disponível suficiente no próprio país. Eis os receios que os gestores podem expressar em relação à entrada no mercado internacional:

- **Conhecemos o idioma falado no outro país?** As empresas americanas dão preferência a entrar em outros países de língua inglesa, como Canadá, Reino Unido e até a Índia em vez de na China.
- **O cliente estrangeiro consegue pagar em dólar**, ou pelo menos em alguma moeda amplamente negociada?
- É fácil obter **autorização para produzir e comercializar** no outro país – ou esse país é muito burocrático ou preconceituoso em relação a empresas estrangeiras? A Índia, por exemplo, é famosa pelo atraso na concessão de alvarás para a entrada de empresas estrangeiras que tentam entrar no seu mercado.
- **A corrupção é um problema sério nesse país?** As empresas americanas precisam obedecer ao disposto na Lei Federal de Práticas Corruptas, sancionada em 1977, o que torna mais difícil competir no exterior com empresas estrangeiras, que atuam sem essa regulamentação.
- **O país é econômica e politicamente estável?** A Grécia e a Espanha são países economicamente instáveis para investimentos. A Nigéria sofre constante turbulência para que empresas americanas invistam no setor petrolífero. Muitas companhias têm receio em relação às pesadas dívidas externas, instabilidade política, exigências para entrada, impostos, tarifas e outras barreiras ao comércio. Outros motivos de preocupação são a pirataria tecnológica, o alto custo de adaptação dos produtos e das promoções da marca, e uma eventual incompreensão das práticas empresariais do outro país.

Claramente, tomar a decisão de ir para o exterior tem prós e contras. No entanto, nossa visão é de que não há muita escolha em termos de globalizar-se ou não; as empresas estrangeiras continuarão a entrar em nosso mercado, obrigando-nos a nos internacionalizar. Nas décadas de 1970 e 1980, o Japão foi uma ameaça relevante a diversos setores da economia americana, como eletroeletrônicos, motocicletas, automóveis e caminhões, copiadoras, câmeras e relógios de pulso. A partir da década de 1980, a Coreia do Sul tornou-se o país mais temido nesses setores, assim como em vestuário, calçados, brinquedos, móveis e dezenas de outros. A China surgiu como a ameaça seguinte nessas áreas nos anos 1990. E pouca gente se dá conta de que muitas empresas que acreditam ser americanas na verdade são estrangeiras – como a Bantam Books (italiana), os sorvetes Baskin-Robbins (britânica), os pneus Firestone (japonesa) e a Crate and Barrel (alemã).

Em que lugar do mundo o crescimento tem sido maior?

Em um quadro de estagnação das vendas no Ocidente, faz sentido começar a procurar oportunidades em países que estão em uma via rápida de crescimento. Vamos supor que sua empresa decida que o melhor crescimento virá entrando nos mercados de países de alto crescimento, como os BRICS. Sua empresa pode recorrer às estatísticas do FMI (Fundo Monetário Internacional) que apresentam as taxas de crescimento do PIB nas principais regiões (veja o Esquema 5.1).[4]

Esquema 5.1 Taxas de crescimento do PIB previstas para 2013 pelo FMI, segundo a Reuters, em 15 de julho de 2012

- Crescimento global: 3,9% em 2013
- Economias avançadas: apenas 1,9% em 2013
- Economias emergentes: 5,9% em 2013
- Zona do euro: 0,7%
- Reino Unido: 1,4% em 2013
- Itália, Espanha, Portugal e Grécia: crescimento negativo (retração)

Identificamos aqui três grupos de países de acordo com as taxas de crescimento do PIB projetadas para 2013: (1) crescimento alto (4,0% ou mais); (2) crescimento baixo (zero a menos de 4,0%); e (3) crescimento negativo (abaixo de zero). É claro que qualquer empresa no segundo ou terceiro grupos que esteja em busca de crescimento precisa se concentrar na busca de oportunidades no primeiro grupo. Ele é composto, em grande parte, pelos BRICS, e alguns outros países que estão formando rapidamente uma classe média. Seus cidadãos têm um forte desejo de possuir bens de valor elevado e de ter uma qualidade de vida superior – e estão adquirindo os meios de pagar por esses bens e serviços que desejam.

Reflita sobre um fato que citamos em um capítulo anterior: a China está erguendo várias cidades novas, em um rápido processo de urbanização. Essa é a melhor notícia possível para qualquer empresa que venda cimento, aço, móveis, serviços de arquitetura e outros itens relacionados à construção civil. A China está salpicada de novos arranha-céus em construção. Ainda que uma empresa não seja capaz de entrar no setor de construção *dentro* do país, pode cogitar entrar para um dos setores encarregados de mobiliar e operar esses edifícios uma vez que estejam prontos. Todo prédio precisa de sistemas de aquecimento e resfriamento, fornecimento de água, encanamentos de banheiro, equipamentos de cozinha e móveis para os mais diversos cômodos. As empresas que operam nesses setores podem ganhar uma fortuna faturando com cada prédio novo que for concluído. Por exemplo, a Carrier, divisão de aquecedores e condicionadores de ar da UTC, e a Elevadores Otis têm ido muito bem na China; a Kohler é líder em equipamentos sanitários por lá.

A China tem realizado um trabalho incrível de redução da pobreza e geração de uma classe média, que está cada vez maior. Os integrantes dessa nova classe dispõem dos meios e do desejo de consumir alimentos mais sofisticados com vinhos estrangeiros, comprar eletrônicos, roupas de melhor qualidade, móveis bonitos, produtos de beleza, serviços médicos, educação e assim por diante. É bem óbvio que os bolsões de oportunidade são mais abundantes em setores de crescimento acelerado presentes em países de crescimento acelerado.

Além disso, sua empresa deve cogitar a entrada em outros países de crescimento elevado. Lembre-se de que a região da ASEAN, mencionada anteriormente e composta por 10 países asiáticos, tem uma boa taxa de crescimento e mais de 600 milhões de consumidores. Os habitantes desses países trabalham duro e estão ansiosos para atingir o padrão de vida do Ocidente. Sua empresa pode trabalhar e consolidar uma posição de força em um ou mais países da comunidade ASEAN. Também vale a pena dar uma olhada em alguns países africanos com crescimento acelerado, na iminência de decolar. A África do Sul e a Etiópia, por exemplo, têm altas taxas de crescimento no momento em que este livro está sendo escrito; estão atraindo investimentos estrangeiros e comprando mais produtos e serviços no exterior. A Procter & Gamble tirou proveito desse crescimento, construindo uma nova fábrica de fraldas que custou 200 milhões de rands na África do Sul.

Evidentemente, é preciso contextualizar essa corrida para ingressar nas economias de crescimento mais rápido. Toda empresa que busque a expansão global precisa realizar projeções de cinco anos dos custos e receitas associados com a entrada em qualquer país. Seus concorrentes já podem ter entrado em muitos países; isso significa que você precisa ter certeza de que é capaz de oferecer algo melhor e diferente para atrair clientes.

Além disso, é preciso decidir em que cidade ou cidades seria melhor entrar primeiro. Caso esteja pensando na China, seria melhor começar por Beijing, Xangai, Cantão, Hong Kong ou alguma outra metrópole? Quais são os melhores bolsões locais de crescimento em potencial? Sua empresa precisa avaliar quais as microáreas de oportunidade que se adequam melhor às ofertas e qualidades dela. Por exemplo, a Foxconn – uma das maiores fabricantes de produtos da Apple – transferiu suas operações de Shenzhen, cidade de alto custo de mão de obra na costa leste, para Chengdu, no oeste, e Zhengzhou, no centro do país.

Que atributos são necessários para fazer comércio exterior?

Nenhuma empresa deve se instalar no exterior sem antes recrutar empregados com capacitação específica para o comércio exterior. Sua empresa tem as pessoas certas para realizar esse trabalho? Seria uma evidente tolice mandar seu diretor de marketing, que nunca pôs os pés fora dos Estados Unidos, montar um negócio na China. Além do fato de já ter comido em restaurantes chineses, ele sabe muito pouco sobre o país. Desconhece o idioma, a cultura e as práticas corporativas. Portanto, a primeira regra ao cogitar se instalar no exterior é contratar uma ou mais pessoas experientes, que já tenham feito negócio com o país no qual você pretende entrar, para ajudá-lo a avaliar as oportunidades e a colocá-las em prática.

A parte mais difícil é avaliar até que ponto esses especialistas externos são bons, já que você não possui o conhecimento pessoal suficiente para *saber* se são bons ou não. Caso seus primeiros contratados não rendam muito, eles terão mil desculpas para dar. Nesse caso, talvez seja necessário colocar aquela tarefa ou desafio nas mãos de um segundo grupo, para ver se eles se saem melhor. Gostamos de contar a anedota abaixo, a respeito de como ingressar em um mercado estrangeiro.

O CEO de uma empresa americana do setor de calçados enviou um de seus melhores vendedores à zona rural de um pequeno país africano para desenvolver o mercado de calçados. Ele retornou desanimado, dizendo: "Eles andam descalços. Não existe mercado." O CEO, decepcionado, decide mandar outro vendedor para o mesmo país. Um mês depois, o vendedor envia de lá uma enorme encomenda de sapatos. Sua mensagem era a seguinte: "Aqui eles andam descalços. Por isso, machucam muito os pés. Entrei em contato com o chefe de uma tribo e dei a ele um par de sapatos. Ele gostou tanto que fez uma encomenda enorme de sapatos para todo o seu povo. Foi uma venda mole, chefe." Essa história ressalta com clareza a diferença entre um vendedor e um profissional de marketing.

Quando você resolve entrar em um mercado estrangeiro, precisa estar preparado para aprender muita coisa. As empresas nacionais que se tornam internacionais perdem muito dinheiro no começo. Precisam aprender na própria pele, passando pelos estágios de exportações indiretas, exportações diretas, licenciamentos, *joint ventures*, escritórios de vendas no exterior e unidades de produção no exterior. O objetivo de se instalar no exterior, no começo, não é lucro, e sim *sobrevivência*. Não dá para deixar o marketing internacional aos cuidados de um gestor que não seja de primeira linha. As empresas sempre terão surpresas com o mercado internacional, mas um bom gestor se surpreenderá com menos frequência e saberá lidar melhor com essas surpresas. Embora muitas empresas comecem enviando seus gestores, logo eles são substituídos por executivos locais com formação nos países ocidentais. Essas pessoas começam treinando no país-sede, para depois serem enviadas para tomar conta da gestão local, enquanto os expatriados retornam.

Vamos supor que você tenha descoberto uma oportunidade de marketing muito atraente em outro país e sua equipe precise criar um plano de negócios para capturá-la. Eis algumas das principais questões, que exigem atitude decidida:

- **O cliente estrangeiro vai aceitar o produto/serviço existente ou será preciso fazer adaptações nas características desse produto ou serviço?** A Kraft, do setor de alimentos, ergueu na China uma fábrica de queijo, que faliu porque 90% dos chineses da etnia Han são intolerantes à lactose e não gostam de queijo. Em compensação, a China é um dos maiores mercados consumidores de vinho francês do mundo.
- **A empresa deve montar e operar a própria fábrica no exterior ou terceirizá-la, supervisionando e monitorando a produção?** A Apple terceirizou em Taiwan, com a Foxconn, ao passo que a Nike tem uma estratégia de 100% de terceirização.

- **A empresa deve estabelecer um preço baixo para acelerar a penetração inicial de vendas ou um preço alto para garantir boa margem?** A Marlboro fixou um preço de entrada baixo no mercado internacional para competir com as marcas tradicionais locais. Entrou no mercado chinês com um preço baixíssimo, se comparado às marcas premium chinesas, a fim de ganhar participação de mercado. Depois enfrentou dificuldades para aumentar o preço.
- **Que agentes ou distribuidores a empresa deve contratar para tornar o produto ou serviço rapidamente disponível naquele país?** Cada vez mais, os sites de e-commerce são o caminho menos dispendioso e mais acessível para distribuir novos produtos local e internacionalmente.
- **Que logística a empresa deve utilizar para garantir que o produto chegue em um prazo razoável e em bom estado ao destino?** A Federal Express, a UPS e a DHL dominam o transporte aéreo global de carga. O mercado de navegação de carga é fragmentado. A Pro Logistics é uma líder global em frete e armazéns.
- **Que seguro a empresa deve fazer para cobrir o risco dessas transações?** A maioria dos bancos globais oferece seguro de crédito comercial.
- **Que serviços comerciais a empresa deve embutir na oferta ao cliente estrangeiro?** Siemens, Bosch, GE e Boeing são líderes no financiamento comercial internacional, disponibilizando formas de pagamento a longo prazo para ajudar os clientes a pagar equipamentos pesados. Outros serviços incluem comércio transfronteiriço, atendimento direto ao consumidor transfronteiriço, presença comercial transfronteiriça e presença transfronteiriça de pessoal da empresa.

As empresas bem-sucedidas no comércio internacional possuem as seguintes características:

- Busca ativa de oportunidades lucrativas e construção de relacionamentos no exterior. GE e Johnson & Johnson são dois exemplos de empresas agressivas no marketing global.
- Vice-presidente internacional e equipe muito competentes e experientes. Muitas sedes globais das equipes de marketing vêm se tornando cada vez mais internacionais.
- Equipe internacional que estuda cuidadosamente cada mercado, adaptando as ofertas e os programas às necessidades locais. A equipe da empresa utiliza experts internacionais e recorre o tempo todo a relatórios e estudos comerciais independentes de setores globais. Além disso, a equipe internacional desenvolve uma estratégia de marketing para cada país, clara, inovadora, baseada em dados e bom senso. No entanto, nenhuma empresa tem como internalizar todos os recursos para suas estratégias internacionais. Ela precisa de consultores *por área*.
- Uma sede que proporciona à equipe em cada país verba adequada para atingir os objetivos acordados.

A fim de ser bem-sucedida no exterior, sua empresa e seus empregados necessitarão se capacitar na compreensão de outra cultura, na formação de alianças e na oferta de algo que os consumidores realmente queiram e desejem – e não consigam obter em nenhum outro lugar.

Conclusão

Um dos caminhos mais promissores para o crescimento, sobretudo para empresas em economias de baixo crescimento, é buscar oportunidades em países cujas economias têm crescimento maior, mas também em vários outros. Empresas que já investem no exterior e exportam devem dar atenção cada vez maior a essas possibilidades. As empresas que *não* estão envolvidas com o comércio exterior devem avaliar com cuidado benefícios e obstáculos relacionados a vender e investir no exterior. Um número cada vez maior de habitantes de economias de crescimento elevado está entrando na classe média e deseja adquirir eletrodomésticos, móveis, melhorias no transporte, na educação, na saúde e em outros aspectos visando desfrutar de uma vida confortável. As empresas de países de baixo crescimento podem fornecer muitos desses bens à crescente classe média estrangeira e também às empresas e aos governos dessas nações. As barreiras à realização de negócios em mercados estrangeiros são, evidentemente, significativas. Entre elas estão diferenças de idioma e de cultura, regulamentações, política e até barreiras protecionistas. É claro que nenhuma empresa deve cogitar entrar em um mercado estrangeiro sem ter feito o próprio dever de casa e contratado pessoal competente e experiente, que já tenha realizado esse tipo de trabalho, dando-lhe uma verba generosa para pesquisar oportunidades e sugerir projetos com potencial de retorno elevado em relação aos custos e aos riscos do negócio.

PERGUNTAS

1. É possível dizer que sua empresa está suficientemente envolvida em comércio exterior e investimento estrangeiro? O que você vende e o que você produz no exterior? Em quais países? Seus concorrentes estão mais envolvidos com comércio exterior do que sua empresa?
2. Faça um brainstorming de oportunidades específicas de investimento e comércio com outros países. Que oportunidades seriam as mais promissoras? Que mudanças você teria que fazer no produto, no preço, nos pontos de venda e na promoção, assim como na estrutura de marketing, caso decida ir atrás dessa oportunidade? Por que você faria isso ou por que deixaria de fazer?
3. Quem, na sua empresa, é responsável pela gestão e pelo incremento do comércio exterior e do investimento estrangeiro? Que melhorias você pode fazer para aumentar a eficácia do comércio e do investimento feitos no exterior?

6 | Crescer por fusões, aquisições, alianças e *joint ventures*

Quando você cria uma empresa bem grande, fica respeitável.
– Will Rogers

A maioria das empresas busca crescer organicamente, angariando mais "votos" do consumidor – em geral, em função da oferta superior de produtos, serviços e assistência ao cliente. O mercado funciona como um fórum no qual as empresas se colocam à prova, já que é nele que o consumidor compara as ofertas dos concorrentes e toma suas decisões. As empresas que compreendem melhor as necessidades e preferências do consumidor – e que conseguem oferecer mais inovação – são as que têm maior probabilidade de atingir o crescimento pretendido.

No entanto, algumas empresas também avaliam como acelerar o crescimento e usar melhor seu capital recorrendo a aquisições, fusões, alianças estratégicas e *joint ventures*. Em alguns casos, adquirir um concorrente pode ser uma solução melhor do que competir com ele. Não raro, as aquisições são indispensáveis para entrar em mercados de produtos relacionados. Por exemplo, a compra da Petrohawk pela BHP Billiton, por 12,1 bilhões de dólares, reforçou a busca desse gigante da mineração por ativos em gás natural. Muitas vezes, as empresas procuram assegurar o controle total de componentes e sistemas inovadores que possam aprimorar as próprias linhas de produtos ou serviços. E, com ainda maior frequência, elas podem ganhar acesso exclusivo ou preferencial a canais de distribuição importantes. A famosa aliança estratégica entre Procter & Gamble e Walmart beneficiou as duas empresas: aumentou o status da marca Walmart e garantiu à P&G acesso a mercados.

No Capítulo 5 observamos que entrar no mercado internacional é um caminho para o crescimento. A empresa pode buscar adquirir ou aliar-se a empresas estrangeiras. Mas é preciso ter em mente que cada país tem as próprias regras em relação a aquisições e alianças. Alguns exigem uma *joint venture* como pré-requisito para a entrada em seu mercado. Empresas em busca de uma rota para o crescimento precisam estar habituadas a fusões, aquisições, alianças estratégicas e *joint ventures*.

1. Por que a empresa deve cogitar adquirir, fundir-se, aliar-se ou formar uma *joint venture* com outras na busca de seus objetivos de crescimento?
2. Como uma empresa pode se certificar de ter encontrado a companhia certa para uma aquisição ou fusão?
3. Que problemas relevantes podem ocorrer no processo de aquisição e assimilação de outra empresa?
4. Que tal cogitar uma aliança ou *joint venture* como meio de crescimento?

▶ Por que a empresa deve cogitar adquirir, fundir-se, aliar-se ou formar uma *joint venture* com outras na busca de seus objetivos de crescimento?

Sejamos claros: nenhuma empresa tem como dar certo sendo um caubói solitário. Organizações sempre terão que se relacionar com outras organizações, de um jeito ou de outro. Terão que fazer compras junto a fornecedores e vender para ou por meio de distribuidores. Terão que se relacionar com diversas agências governamentais que regulam, tributam ou licitam. A seletividade e o cuidado com que a empresa molda sua relação com outras organizações determinarão seu êxito. A General Motors, por exemplo, trabalha com diferentes empresas, que fornecem motores, freios, assentos, painéis e outros componentes automotivos. A Ford tem o próprio conjunto de parceiros. Quando um desses dois concorrentes escolhe e gere melhor esses parceiros, aumenta sua chance de superar o concorrente. O líder de mercado deve essa liderança mais à escolha dos parceiros do que a si próprio.

Por que fazer uma aquisição ou fusão? Toda companhia acaba, em algum momento, tendo que avaliar se vai continuar se relacionando com outra empresa por meio das relações comerciais no mercado ou se seria melhor comprá-la ou mesmo fundir-se com ela. A *aquisição* consiste em assumir totalmente a propriedade ou o controle de outra empresa, seja absorvendo-a, seja permitindo que continue operando de forma autônoma, porém com algumas adaptações necessárias. A *fusão* envolve duas empresas que decidem formar uma nova pessoa jurídica, que vem a ser a empresa fundida. Em geral, fusões ocorrem entre duas empresas que se equivalem; entre os exemplos estão a bem-sucedida fusão da Exxon Mobil com o JPMorgan Chase e a atribulada fusão da Alcatel com a Lucent. Damos preferência ao termo *aquisição* na maior parte da discussão que se segue, mas ela também se aplica às fusões.

Toda empresa faz parte de uma *cadeia de abastecimento* que pode se estender desde a matéria-prima, passando pela matéria semiacabada, até o produto final, que precisa ser transportado e vendido por uma série de distribuidores até chegar ao consumidor final. Em diversos momentos, a empresa pode considerar se vale a pena se integrar de modo vertical com um ou mais fornecedores (integração a montante) ou distribuidores (integração a jusante). Os principais motivos para fazer isso são exercer um controle maior sobre o abastecimento ou a distribuição e reduzir custos.

A General Motors realizou várias aquisições ao longo de sua história, comprando tanto concorrentes quanto fornecedores. Em 2009, a companhia adquiriu várias empresas que formavam o negócio de esterçamento da Delphi Automotive. Esse lance proporcionou à GM um controle maior do fornecimento de componentes eletrônicos vitais para seus planos de longo prazo. Adquirir um fornecedor, distribuidor ou até um concorrente dá à empresa mais poder como proprietária, tornando-a menos dependente das forças do mercado. Um dos maiores objetivos é explorar sinergias. E aquisições também podem ser revertidas. Depois que a GM entrou em recuperação judicial, em 2009, a Delphi recomprou a participação da GM na empresa, em 2011.

Algumas das razões específicas pelas quais uma empresa pode querer adquirir outra são:

- Aumentar o faturamento, a participação de mercado ou a lucratividade assumindo o controle de um concorrente (a aquisição pela GM das marcas Cadillac, Pontiac, Chevrolet, Oldsmobile e outras).
- Entrar em um novo negócio ou mercado (a compra da Gillette pela Procter & Gamble).
- Entrar em uma região nova (a Cadbury é fortíssima nos países do Reino Unido e da Comunidade Britânica, nos quais a Kraft, que a adquiriu, tem uma presença fraca).
- Ampliar sua propriedade de insumos (em 2012, a Sany – líder chinesa em equipamentos de construção – adquiriu a Putzmeister, fabricante alemã de bombas de concreto, visando aumentar a qualidade de seus produtos).
- Aumentar a eficiência, reduzindo empregos e custos operacionais duplicados (tanto a siderúrgica Arcelor Mittal quanto a cimenteira Cemex consolidaram mundialmente suas indústrias em nome de maior eficiência).
- Aumentar a economia de escala ou a abrangência (a fusão da

United Airlines com a Continental Airlines criou a maior companhia aérea do mundo).
- Ampliar o portfólio de marcas (a Coca-Cola cresceu adquirindo outras marcas de refrigerantes, como a Sprite, assim como de sucos, como a Del Valle, e água, como a Dasani).
- Aumentar os lucros fazendo aquisições oportunistas ou de empresas com potencial de lucro (a *holding* Berkshire Hathaway, sob a gestão de Warren Buffett, está o tempo todo em busca de oportunidades de lucrar. Adquiriu 100% da propriedade de mais de 40 empresas em diversos setores, como Acme Brick, Dairy Queen, Netjets, Helzberg Diamonds, etc.).

O desejo de assumir o controle de outra empresa nem sempre é visto como um lance amistoso; na verdade, pode-se fazer uma distinção entre *aquisições amigáveis* e *aquisições hostis*. Na aquisição amigável, a empresa compradora notifica os proprietários ou o conselho diretor da empresa-alvo de seu interesse. Caso o conselho considere que a venda atende aos interesses dos acionistas ou dos proprietários, começa a negociação de um acordo.

Na aquisição hostil, porém, o conselho ou o proprietário não está disposto a vender a empresa. O comprador dá início então a uma série de táticas para realizar a venda apesar da resistência da empresa-alvo. O comprador pode fazer uma oferta pública de aquisição da companhia-alvo a um valor fixo superior à avaliação de mercado. Caso a empresa-alvo ainda resista, a empresa compradora pode iniciar uma "guerra por procuração", convencendo um número suficiente de acionistas (em geral, a maioria simples) para que instalem pelo voto uma nova direção que aprove a aquisição. Outra opção é a empresa compradora adquirir silenciosamente ações suficientes na bolsa para eleger em assembleia uma nova direção receptiva à aquisição. O problema da aquisição hostil é que o comprador não consegue acesso a todas as informações sobre a empresa-alvo – o que cria uma vulnerabilidade a riscos ocultos. Dessa forma, o adquirente terá mais dificuldade em obter empréstimos bancários, porque bancos não gostam de ser surpreendidos. Entre as aquisições hostis famosas estão a da Compaq pela HP e as tentativas da Kraft de comprar a Cadbury, que acabou resultando em um acordo de venda de 21 bilhões de dólares.

Seja amigável ou hostil, qualquer aquisição gera questionamentos. O preço teria sido justo? Quais os custos estimados? O comprador tem como bancar a aquisição, levantar o valor necessário, reintegrá-lo e gerir a aquisição em caso de crise na economia? O comprador será capaz de reter os talentos, clientes e fornecedores que a empresa conquistou? Quais são os riscos tecnológicos? A empresa comprada será subdividida para venda?

Até que ponto as aquisições dão certo? Um dos grandes especialistas na área é o professor Michael Porter, que estudou o histórico de 30 anos de esforços de diversificação de 33 grandes empresas americanas. Mais de 70% foram aquisições, 22% eram *startups* e 8% foram *joint ventures*. Porter publicou seu estudo na edição de maio de 1987 da *Harvard Business Review*.[1] Segundo ele, "o histórico de estratégias corporativas é lamentável (...) Muito mais aquisições foram desfeitas do que mantidas. A estratégia da maioria das empresas gerou desperdício em vez de criação de valor para o acionista". Porter concluiu: "Os gestores deveriam deixar os acionistas cuidarem da diversificação."

A consultoria KPMG encontrou resultados ainda mais decepcionantes.[2] Mais da metade das fusões destruiu valor para os acionistas; menos de uma em cada seis aumentou-a; e em outro terço não houve diferença significativa. Considerando que as fusões implicam consideráveis gastos e complicações, a KPMG estimou a taxa de fracasso das aquisições em cinco de cada seis (83%).

Quando falamos de fusões e aquisições, alguns outros fiascos notórios vêm à mente. A compra da NCR pela AT&T, em 1991, resultou em enormes prejuízos. A compra da The Learning Company pela Mattel, por 3,6 bilhões de dólares, em 1999, teve outro desfecho pífio: 16 meses depois, ela foi revendida por 430 milhões de dólares. A Daimler Benz fundiu-se com a Chrysler em 1988, mas os prejuízos continuaram a se acumular – até que a Daimler teve que vendê-la, com considerável perda, em maio de 2007. No mesmo ano, a Microsoft comprou a Quantive, empresa de publicidade on-line; em 2012, porém, ela teve que fazer uma baixa contábil de 6,2 bilhões de dólares.

Por que tantas aquisições dão errado? Muitas explicações já foram propostas – e o interessado precisa ter todas elas em mente antes de entrar em ação para adquirir outra empresa.

- **O comprador se empolga demais em meio a um negócio caro.** Essa febre é estimulada pelos bancos de investimentos, consultores, advogados e assessores de imprensa. Já foi apelidada de *overdose de testosterona*. Porter discute esse fenômeno em seu texto, suspeitando que a maioria das transações foi fechada por patrões... que "confundem tamanho da empresa com valor para os acionistas".
- **Durante a fase de "namoro", o comprador se concentra mais nas oportunidades do que nos desafios.** Quando vaza a notícia do negócio, empregados importantes do adquirente podem recear demissões e, compreensivelmente, saem enviando seus currículos – e em número suficiente para derrubar o valor das ações. Os que trabalham na empresa adquirida recebem demissões à vista e compreensivelmente mudam de ares, com base nessa suposição.
- **Um clima de exército derrotado em território ocupado toma conta da empresa adquirida, que deixa de ter a performance do passado.** Surgem conflitos entre as culturas das duas empresas, em relação a estratégia, tática ou organização. Empregados da empresa adquirida perdem motivação.
- **Os empregados podem ter a impressão de que estão trabalhando para dois patrões** – o novo e o antigo –, confusão que

não pode perdurar muito. Mesmo que comece como uma "fusão de iguais", em algum momento um prevalece sobre o outro.
- **A empresa adquirente descobre que pagou caro demais pela aquisição.** Ela pode descobrir passivos ocultos na empresa adquirida. Esta pode ter jogado com os diversos pretendentes para obter a maior oferta em dinheiro. Há evidências de que isso leva os interessados a fazer ofertas excessivas e assim "o ganhador sai perdendo".[3]

Evidentemente, precisamos ter cuidado para não concluir que *todas* as aquisições dão errado. Há inúmeros exemplos de aquisições e fusões bem-sucedidas – algumas delas vitais para o êxito posterior da empresa. Por exemplo, a aquisição da Double Click pelo Google transformou este último em líder em vendas de publicidade para mecanismos de busca. A essa aquisição é preciso acrescentar a bem-sucedida fusão do Google com o YouTube e as fusões de Disney e Pixar, General Dynamics e Anteon e P&G e Gillette.

▶ Como uma empresa pode ter certeza de que encontrou a companhia certa para uma aquisição ou fusão?

Pense na seguinte situação: a China precisa adquirir aeronaves para uso comercial. Ela pode comprar aviões da Boeing ou da Airbus. Ou pode resolver fabricar as próprias aeronaves. Para isso, precisará de motores, asas, equipamentos aviônicos, portas, pneus, etc. Ela pode optar por escolher o melhor fornecedor de cada componente. Pode comprar *de* um fornecedor, comprar *o* fornecedor propriamente dito ou aliar-se a ele. A Aviation Industries Corporation, chinesa, fez uma busca nos Estados Unidos, na Europa e no Japão para fazer aquisições de fabricantes de peças, componentes, sistemas e equipamentos específicos porque os fornecedores existentes não estavam vendendo à China seus equipamentos de ponta por temerem que seus produtos mais avançados fossem alvo de engenharia reversa.

A empresa adquirente tem que realizar a *due diligence*, que vai desde a checagem junto aos fornecedores e clientes da empresa adquirida até a verificação se ela não possui débitos, responsabilidades ou compromissos ocultos. Sempre existirá alguma incerteza em relação a uma série de questões: se os gestores e funcionários da empresa adquirida continuarão na nova empresa, se serão fáceis de administrar e se os clientes da antiga firma continuarão a trabalhar com a nova gestão ou passarão a comprar de outra empresa. Muitos dos melhores engenheiros e gerentes da Compaq saíram da empresa quando ela foi comprada pela HP.

▷ Que problemas relevantes podem ocorrer no processo de aquisição e assimilação de outra empresa?

As duas principais questões relacionadas à aquisição de outra empresa são legais e financeiras. O comprador tem que recorrer a seus advogados, ou contratá-los externamente, para conduzir o processo de aquisição. A primeira questão é se o governo permitirá que esse movimento aconteça. A administração tentará se certificar de que a aquisição não resultará em redução severa da concorrência naquele setor. Em 2003, por exemplo, a Comissão Federal de Comércio (FTC), órgão regulador dos Estados Unidos, discordou e evitou a fusão entre a Dreyer's Grand Ice Cream, Inc. e a Nestlé Holdings, Inc. A FTC alegou que a fusão reduziria a concorrência no mercado de sorvetes "super-premium" de três para duas empresas, sendo que a Nestlé passaria a controlar 60% do mercado. A FTC argumentou que essa hegemonia teria efeitos anticoncorrenciais – entre eles, menor variedade de produtos, redução das opções e preços mais altos para o consumidor.[4] Meses depois, a Nestlé concordou em revender três marcas da Dreyer e parte dos próprios ativos de distribuição para encerrar o processo da FTC e a fusão seguiu em frente.

É evidente que leva algum tempo para que se determine se o governo considerará anticoncorrencial uma fusão. Resolvida essa questão e autorizada a fusão, equipes das duas empresas precisam realizar negociações que podem levar semanas, meses ou até anos. Cada parte tentará obter a maior vantagem possível – e ambas terão que fazer concessões. Chegar ao preço e às condições de pagamento ideais é apenas um dos principais desafios. Em muitos casos, é nesse ponto que ocorre a discordância que por fim resulta no anúncio de que o acordo entre as duas empresas foi cancelado.

O governo também pode fazer objeções a fusões que ameacem a segurança nacional. O Comitê de Investimento Estrangeiro nos Estados Unidos (CIFIUS) é um comitê interagências que analisa as consequências para a segurança nacional de investimentos estrangeiros em empresas ou operações nos Estados Unidos. Em dois casos notórios, as restrições feitas pelo CIFIUS em questões de segurança forçaram a Hutchinson Whampoa, de Hong Kong, a desistir de sua oferta pela Global Crossing e levaram o conselho da Unocal a rejeitar uma oferta de 18,6 bilhões de dólares da China National Offshore Oil Corporation (CNOOC). A Unocal acabou adquirida pela Chevron, por um bilhão de dólares a menos.

Vamos supor que uma aquisição seja levada a cabo – porque é aí que, em geral, os problemas começam. A empresa adquirente se vê diante de duas opções: a primeira é deixar que a empresa adquirida continue sendo tocada pela antiga equipe de gestores, como se nunca tivesse sido comprada. Esse é o padrão geral das aquisições chinesas de empresas ocidentais. A Sany, por exemplo, concordou em manter a operação das fábricas da Putzmeister na Alemanha e a direção alemã continuou no comando depois da aquisição. Essa é uma opção que resulta em uma transição mais suave para a empresa adquirida, porque nada muda de imediato. Enquanto a empresa adquirida continuar a ser administrada conforme o esperado e a atingir suas metas, pode-se considerar a aquisição um sucesso.

A segunda opção é aquela em que a empresa compradora decide fazer mudanças naquela que foi comprada. Pode decidir, por exemplo, reduzir o número de funcionários ou substituir a antiga direção.

Pode resolver rebatizar a empresa com o próprio nome, como foi o caso da compra da Northwestern Airlines pela Delta. Pode fazer questão de alterar os processos de compra, almoxarifado, marketing e vendas e produção, ou outros mais. Essa segunda opção é cheia de passos arriscados, que podem transformar a empresa adquirida em uma sombra ou um fantasma de si mesma. Esse é o padrão geral das aquisições de empresas estrangeiras pelos japoneses.

Por mais desagradável e difícil que possa parecer, porém, compreendemos essa opção. Afinal, o objetivo de comprar um fornecedor é, antes de tudo, adequá-lo às necessidades da empresa que comprou. Se o comprador não ia mudar nada, por que se dar ao trabalho de comprar a outra organização? Por que não tratá-la simplesmente como um fornecedor ou formar uma aliança? A empresa obteve de forma evidente o direito de moldar a empresa que comprou segundo sua intenção ao adquiri-la. Há um problema quando não se deixa isso claro para a empresa adquirida – o que, infelizmente, acontece com frequência.

No entanto, a empresa compradora pode ser fortemente prejudicada se essa remodelação resultar em desastre. Pode-se dizer que o pós-fusão aumenta o grau de risco da empresa adquirente, o que ocorreu com a Sears quando ela se fundiu com a Kmart. A nova empresa, a Sears Holdings, teve maus resultados – tão ruins, na verdade, que a empresa adquirente passou a sofrer um risco maior de inadimplência e, de fato, acabou entrando em recuperação judicial anos depois. Suponha que a compra tenha sido financiada por mais emissão de dívida do adquirente e que este não consiga honrar os pagamentos exigidos em razão do início de um ciclo de baixa. Ou suponha que a aquisição tenha sido motivada por gestores que queriam apenas aumentar a própria remuneração, e não por motivos mais sensatos.

▶ Que tal cogitar uma aliança ou *joint venture* como meio de crescimento?

Quando uma empresa decide não ampliar seu negócio por meio de uma aquisição por causa dos riscos envolvidos e também considera que não pode seguir isolada, ela deve considerar outras duas opções: formar uma aliança estratégica ou uma *joint venture*.[5]

Conheça as diferenças entre elas:

- **Uma aliança estratégica** é mais *informal* e representa duas ou mais empresas que concordam em fazer negócios juntas.
- **Uma *joint venture*** é um *acordo mais formal* entre duas empresas, a fim de criar uma pessoa jurídica separada, com determinado objetivo e, geralmente, um prazo de existência limitado.

Qualquer uma das duas pode ser feita entre duas empresas nacionais ou entre uma empresa nacional e uma estrangeira. Evidentemente, existem algumas diferenças bem claras entre as duas abordagens. Isso aconteceu no famoso caso da aliança da Pepsi com Michael Jackson.

Aliança estratégica entre duas empresas nacionais. Vamos analisar a aliança estratégica entre os produtos Crayola (pertencentes à Binney e Smith) e a Abrakadoodle, uma empresa de educação artística criativa. A Crayola produz canetinhas e lápis de cera usados por estudantes, ao passo que a Abrakadoodle organiza aulas de educação artística em escolas e outros locais. A Abrakadoodle concordou em encomendar produtos Crayola para sua operação e usar a marca registrada Crayola para fins publicitários. Em contrapartida, a Crayola concordou em conceder à Abrakadoodle descontos em seus produtos. Essa aliança estratégica beneficiou as duas empresas, incentivando ao mesmo tempo a criatividade artística infantil.[6]

Existem vários casos de empresas que se aliam naquilo que é chamado de *programa de cobranding*.[7] Isso ocorre quando um único produto ou serviço é associado a uma empresa que não é seu principal fornecedor. A esperança da empresa é capturar sinergia pela associação dos dois nomes. Eis mais alguns exemplos:

- A Procter & Gamble comercializa aparelhos de barbear Gillette M3 Power (que precisam de pilhas) e pilhas Duracell. No caso, a P&G é dona das duas empresas.
- O Citibank e a American Airlines possuem uma *joint venture* de cartões de crédito.
- A massa para brownie Betty Crocker usa calda de chocolate Hershey's.
- A Dell rotula seus computadores com a marca dos processadores Intel.

A ideia subjacente é que cada empresa possui um nome de marca respeitado e quer tomar emprestado um pouco da aura da outra marca, em tese para aumentar a confiança no produto e, por conseguinte, as vendas. Evidentemente, as empresas precisam ter cautela ao se aliarem a uma marca mais fraca ou a uma marca sujeita a problemas ou escândalos futuros.

Aliança estratégica entre uma empresa nacional e uma estrangeira.
Com a globalização, cada vez mais empresas participam de mercados estrangeiros e um número crescente delas vem usando alianças estratégicas e *joint ventures* para entrar nesses mercados. Na verdade, muitos governos impõem como condição de entrada que as multinacionais encontrem e formem uma *joint venture* com um parceiro local – já que esse parceiro conhece melhor as práticas empresariais locais e o governo tem interesse em transferência de tecnologia. Em alguns casos, os governos até fazem questão de ser incluídos como parceiros, acima de tudo para impedir a *joint ven-*

ture de explorar os recursos nacionais ou para garantir o benefício da transferência de tecnologia.

As empresas formam alianças e *joint ventures* com muitos outros objetivos. Uma companhia pode querer juntar-se a outras para obter acesso a tecnologias mais avançadas, capital, mão de obra barata, certos materiais ou possibilidades de marketing. Existem muitas alianças de "*procurement* (aprovisionamento) colaborativo" nas áreas de lojas de ferragens, móveis, vestuário, eletrodomésticos e outros setores de consumo. Essas alianças são populares porque o aprovisionamento em grandes quantidades puxa para baixo o preço do fornecedor. A TCPN é uma das maiores cooperativas de compras governamentais, presente nos 50 estados americanos. A True Value é um órgão de compras cooperativas de lojas de ferragens independentes. A Best Western, uma das maiores redes de hotéis, é uma cooperativa de compras e marketing formada por hotéis independentes.

Alianças internacionais no marketing e na tecnologia também são comuns. Por exemplo, a AMD (Advanced Micro Devices) aliou-se à chinesa Founder Group. A Founder passou a produzir e comercializar computadores baseados nos microprocessadores AMD de 64 bits, propiciando uma alternativa de fornecedor em relação à Intel, de posição mais dominante. A AMD enxergava essa aliança como uma forma de começar do zero sua operação na China. A razão pela qual alianças e *joint ventures* são populares é que normalmente as empresas não se dispõem a investir em projetos de alto risco a menos que encontrem parceiros com os quais compartilhar esse risco.

Os parceiros de aliança precisam tratar de vários detalhes, é claro – mais especificamente, como vão partilhar cotas de compras, receitas e lucros, assim como lidar com o risco de prejuízo ou fracasso. É muito importante ser bem criterioso ao selecionar o parceiro; o ideal é que ele tenha metas compatíveis, ainda que distintas. Os parceiros também devem ter qualidades complementares. Por exemplo, uma empresa pode ter maior competência técnica, enquanto a outra tem acesso a recursos ou capital escassos, uma marca forte ou algum outro recurso ou competência que falta ao parceiro. As empresas devem estabelecer com cuidado os termos e entendimentos a fim de minimizar conflitos. O ingrediente mais importante é a confiança mútua.

Os parceiros de aliança podem, no início, ser equivalentes na divisão da tomada de decisões; com o passar do tempo, porém, um deles tende a se tornar dominante. Para que haja êxito, é muito importante que o parceiro dominante seja sensível às exigências do(s) outro(s) parceiro(s).

Joint ventures. Uma *joint venture* é uma nova pessoa jurídica, formada por empresas diferentes, para desenvolver um novo produto, com contribuições mútuas para o patrimônio. As duas organizações compartilham receitas, despesas e ativos, e em geral existe um limite de tempo, com condições para saída da *joint venture*. Essa nova pessoa jurídica pode ser criada com o propósito de realizar um projeto específico, ou simplesmente estar voltada para a continuidade de uma relação empresarial. Como o custo de iniciar um projeto novo costuma ser alto, a *joint venture* permite que ambos os parceiros compartilhem o peso desse projeto – assim como os lucros dele advindos.

Grandes empresas possuem várias *joint ventures*, nas quais combinam seus pontos fortes singulares com o ponto forte principal da outra empresa. Por exemplo, a taiwanesa Quanta Computer Inc., maior fabricante terceirizada de notebooks PC do mundo, formou uma *joint venture* com a 3M para produzir módulos, sensores e sistemas eletrônicos *touch* para uso em uma série de PCs. Era um mercado novo para a 3M Touch Systems Inc., antes focada em mercados verticais, como cassinos, educação, alimentação, painéis digitais, saúde, varejo de ponto de vendas e self-service. Uma das *joint ventures* mais bem-sucedidas na época em que este livro foi escrito ocorreu entre a SAIC (Shanghai Automotive Industries Corporation) e a General Motors. O modelo Buick Regal é o sedã mais vendido na China e a SAIC aprendeu com a GM o suficiente para lançar as próprias marcas premium e de luxo, o Roewe e o MG.

Em alguns casos, duas empresas formam uma *joint venture* quando separadamente têm uma participação de mercado pequena e sentem que a união de forças pode levar a um crescimento dessa fatia. A Sony-Ericsson foi uma *joint venture* criada para superar a debilidade das respectivas posições no mercado de celulares. A Sony planejava combinar sua expertise em design de eletrônicos pessoais com a liderança da Ericsson em tecnologia. Nesse caso, porém, a união fracassou – e, depois de 12 anos sem êxito, a Sony acabou comprando a participação da sueca Ericsson. Nem por isso deixou de continuar em dificuldades no mercado.

Conclusão

A maioria das empresas cresce organicamente por conta própria. Mas e se esse tipo de crescimento natural não for suficiente para atender os objetivos da empresa, tanto financeiros quanto em outras áreas? A HP, fabricante de computadores, não cresceu apenas organicamente: entre 1958 e 2011, realizou 86 aquisições. Também formou várias alianças. Portanto, empresas que querem crescer precisam considerar seriamente realizar aquisições, fusões, alianças e *joint ventures* com outras empresas.

Mas o histórico de sucesso dessas abordagens – principalmente pela via da aquisição – não chega a impressionar. Na verdade, os dados mostram que mais de 50% das aquisições fracassam e é ainda maior o número se considerarmos aquelas que ficam aquém das expectativas. Isso tem muito a ver com as variadas razões para a aquisição, nem sempre muito nobres, e com a falta de conhecimento completo da empresa adquirida antes da aquisição – sobretudo no caso de aquisições hostis.

Em vez de adquirir outras empresas, a sua pode optar por estabelecer uma relação próxima com elas, formando uma aliança estratégica ou uma *joint venture*. Se não for assim, você se relacionará com outras empresas apenas por meio das transações normais do mercado. A razão para formar uma aliança estratégica ou uma *joint venture* é ganhar sinergia, o que ocorre quando as duas empresas se complementam, tanto em pontos fortes quanto nas áreas técnica, financeira ou de marketing. Entretanto, é preciso ter cautela na escolha do parceiro, certificando-se de deixar bem claros os termos e entendimentos, a fim de minimizar a probabilidade de conflitos ou mal-entendidos.

> **PERGUNTAS**
>
> 1. Caso sua empresa tenha realizado alguma aquisição, fusão, aliança ou *joint venture*, que nota você daria a seu histórico de êxito? Caso tenha ocorrido um fracasso, quais foram as principais razões?
> 2. Faça uma lista das empresas que você poderia cogitar adquirir. Quais seriam os prós e contras de cada uma delas?
> 3. Faça uma lista das empresas com as quais você poderia formar uma aliança estratégica e dos prós e contras de cada uma.
> 4. Faça uma lista das empresas com as quais você poderia formar uma *joint venture* e dos prós e contras de cada uma.
> 5. Você consegue pensar em outra empresa cuja marca você gostaria de apresentar junto à sua como forma de aumentar o interesse pela sua empresa e as vendas?

7 | Crescer construindo uma excelente reputação de responsabilidade social

Seja a mudança que você quer ver no mundo.
– Mahatma Gandhi

A maioria das novas empresas começa concentrando a atenção no desenvolvimento de um produto ou serviço que atende uma necessidade que ninguém mais atende – ou que promete ser capaz de atender essa necessidade melhor do que outros fornecedores. Quando a empresa faz bem-feito, cresce. O provável é que no início ela *não pense* em sua responsabilidade social, por estar envolvida em problemas diários mais urgentes nessa fase – como colocar a produção na rua, bancar a folha de pagamento e concorrer com adversários desafiadores.

Em algum momento de sua ascensão, porém, a empresa será procurada por instituições de caridade, partidos políticos ou representantes de alguma outra causa meritória pedindo contribuições. Será preciso resolver como lidar com esses pedidos – sobretudo à medida que crescerem em número e em quantias solicitadas. Inicialmente, a empresa pode fazer doações para manter satisfeitos esses solicitantes, não por conta de uma convicção genuína na responsabilidade de retribuir à sociedade pela boa fortuna. Em algum momento, porém, a empresa vai se dar conta do ganho de imagem que essas doações trazem e mirar em *uma* causa com a qual realmente se importe e na qual possa fazer uma real diferença. Algumas empresas podem chegar ao ponto de incorporar ao próprio DNA a responsabilidade social – como fizeram a Ben & Jerry's, fabricante de sorvetes, ou a Timberland, que vende botas e vestuário para trilhas.

Hoje as empresas têm menos liberdade para ignorar a responsabilidade social. Consumidores e clientes estão o tempo todo conversando a respeito do impacto dos produtos no meio ambiente e na saúde e no bem-estar das pessoas, das famílias e das comunidades. A atual Era da Informação facilitou o conhecimento sobre os produtos, a qualidade, a tecnologia e as iniciativas sociais de qualquer empresa. À medida que a concorrência se acirra em um setor, as empresas vão ficando em pé de igualdade no que diz respeito a seu valor diante dos clientes. Elas buscam a todo custo um jeito de se diferenciar e parecer maiores, melhores ou diferentes de uma forma relevante. Um dos maiores diferenciais que restam para as empresas é o grau de preocupação aparente em relação à situação da comunidade e do planeta. Vamos dar a isso o nome de *margem competitiva de valor social* para o cliente.

Atualmente, a empresa precisa se perguntar: *Somos apenas uma máquina imediatista de ganhar dinheiro? Ou queremos ajudar a criar um mundo melhor e um padrão de vida melhor para a maioria das pessoas – e uma oportunidade maior para nosso crescimento?*

Estamos falando, basicamente, da reputação da empresa e daquilo que a torna atraente. Há diversos elementos com os quais o cliente pode se preocupar: a qualidade dos produtos e serviços da empresa, se a direção é competente, se os funcionários são bem pagos, se a empresa é inovadora e se o serviço ao cliente é prestativo. O cliente quer que a empresa mostre engajamento social, contribua mais para a comunidade, preocupe-se com questões ambientais e expresse os valores do próprio cliente. Provavelmente no futuro o cliente vai querer que a empresa demonstre uma mentalidade mais cidadã.

Neste capítulo vamos analisar as seguintes questões:

1. Como uma responsabilidade social forte pode contribuir para o crescimento da empresa?
2. Quais são os principais fatores determinantes da reputação de uma empresa?
3. Quais são as principais áreas sociais que uma empresa pode apoiar?
4. Como a empresa pode comunicar seus valores e sua responsabilidade social?
5. Como a empresa pode medir o impacto de sua responsabilidade social em suas vendas e seu crescimento?

▶ Como uma responsabilidade social forte pode contribuir para o crescimento da empresa?

Muito tempo atrás, as empresas achavam que para agregar valor à economia bastava gerar empregos e oferecer bons produtos e serviços. Depois veio a reflexão sobre a marca, que fortaleceu o apelo da empresa para o cliente. Mais recentemente, as empresas passaram a perceber que sua imagem precisa de uma camada a mais, obtida por meio do respeito do cliente por elas (ver o Esquema 7.1). Como observou Kash Rangan, professor de Harvard: "Já não basta mais competir apenas em qualidade, preço ou inovação de produtos." O Dr. Joseph Plummer, da Advertising Research Foundation, acrescentou: "A marca é o que você compra. A reputação da empresa é aquilo em que você acredita e confia. Não é um ou outro. É preciso ter os dois."

Esquema 7.1 As três plataformas que contribuem para a performance e o respeito pela empresa

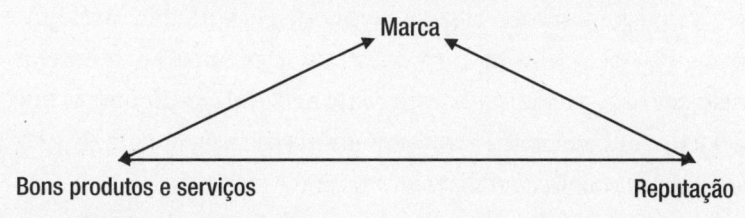

Embora não constem na maioria dos balanços, o valor da marca e a reputação continuam a ser dois dos mais importantes ativos da empresa no hipercompetitivo mercado globalizado de hoje. As marcas bem-sucedidas precisam ir em busca não apenas do coração e da mente do cliente, mas também da preocupação do cliente com os corações e as mentes dos demais – e com a sustentabilidade do planeta. Cada vez mais falamos sobre a luta das empresas para alcançar um Triple Bottom Line, ou tripé da sustentabilidade: pessoas, planeta e lucro.

Agora precisamos fazer a pergunta: que benefícios e crescimento ocorrem com a empresa que melhora sua reputação? Relacionaríamos os seguintes:

- A empresa se torna mais capaz de atrair e reter talentos de nível internacional.
- A empresa cria um nível a mais de diferenciação de valor perante o cliente.
- A empresa pode se beneficiar da atração de fornecedores e distribuidores mais preocupados socialmente, alinhados com os valores da empresa.
- A empresa reduz seu risco de sofrer críticas ou ataques.
- A empresa atrai um novo tipo de cliente, preocupado com o planeta. À medida que aumentam os níveis de riqueza e de instrução, o cliente se torna cada vez mais consciente de que o próprio bem-estar está relacionado à sustentabilidade ambiental e à harmonia social.

A Business for Social Responsability é uma importante organização global sem fins lucrativos que oferece às empresas informações, ferramentas, capacitação e aconselhamento para ajudar a integrar a responsabilidade social na operação e na estratégia corporativas. Com base em suas pesquisas e experiência, ela concluiu que as empresas socialmente responsáveis colhem uma série de benefícios econômicos, incluindo:

- Aumento de vendas e de participação de mercado
- Reforço do posicionamento da marca
- Melhoria da imagem e da reputação da empresa
- Maior capacidade de atrair, motivar e reter pessoal
- Redução de custos operacionais
- Aumento do apelo perante investidores e analistas financeiros

Eis um caso interessante de como uma empresa que busca o crescimento também faz o bem à sociedade:

Com suas 1.200 lojas, a PetSmart é o maior varejista americano especializado em produtos e serviços para animais de estimação. No entanto, em vez de vender cães e gatos, como a maioria das pet shops, a PetSmart decidiu ceder espaço em suas lojas para centros de adoção de animais sem lar. Organizações locais de apoio aos animais cuidam desses centros, com alta visibilidade, e ficam com 100% da taxa das adoções. Esses centros geram tráfego diário na loja de consumidores que querem ter um animal em casa. Afinal, todo animal de estimação adotado precisa de ração e acessórios – e o cliente pode comprá-los ali mesmo.

Cada animal adotado cria um novo cliente para a PetSmart. Mais de 403 mil animais foram adotados em lojas da PetStore em 2010. O faturamento ultrapassa de longe os 13 milhões de dólares que, estima-se, é o custo do espaço físico cedido. Dessa forma, a empresa aumenta sua receita fazendo o bem – e dá uma demonstração genuína de pensamento fora da caixa. Sua receita aumenta mais (por um custo menor), facilitando a adoção sem fins lucrativos do que jamais aumentaria somente pela venda de animais de estimação e produtos e acessórios. E a PetSmart ainda ajudou a salvar a vida de mais de 5 milhões de animais entre 1994 e 2012.

▶ Quais são os principais fatores determinantes da reputação de uma empresa?

Muitos sabem que a reputação é algo que leva muito tempo para construir mas pode ser destruída muito rápido. Várias empresas são conhecidas e admiradas por suas contribuições para a sustentabilidade ambiental e o bem-estar dos funcionários. A Toyota, por exemplo, é merecidamente reconhecida pelo lançamento do carro híbrido Prius, que promete fazer até 40 quilômetros por litro de gasolina. A GE foi elogiada por sua iniciativa Ecomagination, esforço para tornar rentável a solução de problemas ambientais, ajudando a estimular setores verdes, como as turbinas eólicas e os painéis solares. A Starbucks é admirada pelas práticas de seu setor de compras, ajudando cafeicultores a obter uma renda decente, e a Reebok foi a primeira em seu setor a adotar padrões de tratamento justo dos operários.

Por outro lado, existem vários exemplos de empresas que são alvo de críticas pela indiferença. De tempos em tempos o Walmart aparece no noticiário quando seus funcionários se queixam ruidosamente dos salários baixos e da falta de benefícios. A Nike passou por um desastre de relações públicas quando foi descoberto que suas fábricas no exterior usavam trabalho infantil.

É preciso ter em mente cinco perguntas ao avaliar a reputação geral de uma empresa:

1. A empresa gera produtos e serviços de qualidade boa ou excelente? Caso a resposta seja negativa, não há necessidade de fazer as demais perguntas.
2. A longo prazo, a empresa tem apresentado boa lucratividade? Em caso negativo, é provável que o público não confie nela.
3. A gestão da empresa é boa, ou mesmo visionária, ou seus dirigentes estão dormindo no ponto?
4. A empresa possui empregados, fornecedores e distribuidores

dedicados? Isso se traduz em trabalho de equipe eficiente e satisfação dos envolvidos.
5. A empresa apresenta responsabilidade social de forma relevante? Esta última pergunta leva a reputação geral da empresa a um patamar acima.

Uma empresa pode transmitir seu posicionamento em relação à responsabilidade social pela forma como se organiza. Por exemplo, a maioria é organizada sob a forma de empresa com fins lucrativos, que atende os interesses de proprietários e investidores. Existem outras quatro formas de organização.

1. Uma delas é a *empresa detida pelos funcionários*, na qual os empregados são os maiores beneficiários, juntamente com os clientes. A W. W. Norton & Company, maior editora de livros independente dos Estados Unidos, pertence aos funcionários, assim como a Huawei, segunda maior fornecedora chinesa de equipamento de infraestrutura de comunicação para celulares.
2. A segunda é a *empresa mútua*, como ocorre no setor de seguros, na qual o cliente é o maior beneficiário do desempenho da companhia. Nos Estados Unidos, a Mutual of Omaha e a Northwestern Mutual são organizações líderes no setor de seguradoras. O Vanguard Group e o TIAA-CREF (sigla em inglês para Associação de Seguros e Pensões do Magistério-Fundo de Aposentadoria Universitária) são instituições financeiras mútuas líderes nos Estados Unidos.
3. A terceira é a *cooperativa*, na qual um comitê representando os integrantes gere a organização conforme o interesse desses integrantes, que também acumulam pontos sempre que fizerem compras na cooperativa. A Ocean Spray e a Land O'Lakes, nos Estados Unidos, estão entre os milhares de cooperativas que existem na Europa, na Índia e em outras regiões do mundo.

4. O quarto tipo é a *corporação beneficente,* empresa que visa ao lucro, mas que leva em conta o impacto social, ambiental e comunitário de suas atividades. A corporação beneficente está a meio caminho entre a empresa com fins lucrativos e a organização de caridade sem fins lucrativos. É muito parecida com a organização social, que tenta conciliar ganhar dinheiro com fazer o bem. Um bom exemplo é a Patagonia, cujo CEO, Yvon Chouinard, expressa publicamente a intenção de faturar fazendo o bem. A empresa coloca a sustentabilidade acima do lucro e pede ao consumidor que "compre menos".

Todas essas formas de organização vão além da simples gestão de uma máquina de gerar dinheiro para proprietários e investidores.

▷ Quais são as principais áreas sociais que uma empresa pode apoiar?

A Organização Internacional de Normalização (ISO, na sigla em inglês) divulgou orientações de responsabilidade social que abarcam as seguintes áreas: meio ambiente, direitos humanos, práticas trabalhistas, governança organizacional, práticas equitativas e envolvimento comunitário/desenvolvimento social.

Pediu-se aos consumidores que respondessem aquilo pelo qual, na visão deles, as empresas deveriam ser responsáveis. Entre as respostas com notas mais altas estão:

- Assegurar a saúde dos clientes e a segurança dos produtos
- Não prejudicar o meio ambiente
- Tratar com justiça os empregados

Como exemplo de empresa que leva a sério a responsabilidade social, veja o caso da sul-coreana Samsung, que possui os seguintes programas:

- Educação: Centros de Atendimento Infantil Samsung, Programa de Bolsas de Estudo, Centro de Desenvolvimento de Recursos Humanos
- Meio Ambiente: Centro de Pesquisa Ambiental Global Samsung, "Adote um rio/montanha"
- Patrocínios esportivos: Jogos Olímpicos
- Infância: Quatro Estações de Esperança, Terapia com Animais, Museu Infantil Samsung
- Saúde: Escola Samsung de Cães-Guias, Recuperação da Visão
- Artes & Cultura: Balé Bolshoi, Museu Hermitage, Museu de Arte Ho-Am, Laboratório de Design Inovador, Instituto Samsung de Arte & Design

Philip Kotler, Nancy Lee e David Hesekiel, autores do livro *Boas Ações!*, relacionam seis categorias de iniciativa social.[1] Sua empresa deve repassar essas categorias e decidir em quais deseja expressar sua responsabilidade social.

1. **Apoio a causas.** Ocorre quando a empresa decide proporcionar verba, doação de materiais ou outros recursos corporativos para ajudar a aumentar a conscientização e a preocupação com uma causa social; ou apoiar a arrecadação de fundos, a participação ou o recrutamento de voluntários para uma causa. A empresa pode gerir o apoio por conta própria (por exemplo, um bem-sucedido apoio da The Body Shop ao banimento de testes com animais para desenvolvimento de cosméticos na União Europeia); ela pode ser um parceiro importante em uma iniciativa (por exemplo, o patrocínio da Amgen-Pfizer à caminhada de arrecadação de fundos da Arthritis Foundation); ou pode ser um de vários patrocinadores (por exemplo, entre os principais patrocinadores da campanha Great American Cleanup, da organização sem fins lucrativos Keep America Beautiful, em

2011, estavam Dow Chemical, Lowe's, Pepsi-Cola, Solo Cup, Scotts, Glade e Nestlé).
2. **Marketing relacionado a causas.** Nesse cenário, a empresa promete contribuir com dinheiro ou doações materiais para uma entidade beneficente específica em troca da compra, pelo cliente, de um produto específico em um período específico. A empresa pode fechar uma parceria com uma organização sem fins lucrativos (por exemplo, a Kraft Foods doa refeições para a campanha Feeding America quando os consumidores descontam cupons). É uma oportunidade em que todos saem ganhando – empresa, cliente e entidade beneficente – porque o consumidor recebe um desconto pelo produto ao mesmo tempo que contribui para a entidade de sua preferência.
3. **Marketing social corporativo.** Nesse caso, a empresa decide apoiar uma campanha de mudança de comportamento que beneficie a saúde, a segurança pública, o meio ambiente ou o bem-estar da comunidade. É diferente do *apoio a causas* porque o foco está em produzir uma mudança real de comportamento, e não simplesmente promover a conscientização de uma causa. A empresa pode implementar a própria campanha de mudança de comportamento (por exemplo, a Allstate incentiva os adolescentes a assinarem um compromisso de não usar o celular enquanto dirigem) ou envolver parceiros em agências do setor público (por exemplo, a Home Depot juntou-se a um serviço de utilidade pública que promove dicas de economia de água) e/ou organizações sem fins lucrativos (por exemplo, a Pampers e a Fundação SIDS treinam cuidadores para deitar os bebês de costas na hora de dormir).
4. **Filantropia corporativa.** É o que ocorre quando a empresa faz uma contribuição direta a uma causa ou entidade beneficente, na maioria das vezes sob a forma de subvenções em dinheiro, doações e/ou serviços. É a mais tradicional das iniciativas sociais corporativas, mas cada vez mais empresas estão pas-

sando a adotar uma abordagem mais estratégica; isto é, elas selecionam o foco de modo a atrelar de forma mais coesa as atividades filantrópicas com a operação, as metas e os objetivos da própria empresa. Um exemplo são as contribuições da Nestlé para a Nutritional Science Foundation. O advento das redes sociais tornou mais fácil para as empresas convidar os clientes a participarem da escolha de quais entidades sem fins lucrativos receberão essas contribuições (por exemplo, em 2011 o programa de doações comunitárias do JP Morgan Chase alocou 3 milhões de dólares a 100 entidades beneficentes selecionadas pelos usuários do Facebook).

5. **Mão de obra voluntária.** A empresa pode incentivar e apoiar seus funcionários, parceiros do varejo e/ou franqueados a *voluntariarem-se* em organizações e causas comunitárias locais. Pode fazer isso em ações pontuais (por exemplo, funcionários de uma empresa de tecnologia atuando como tutores de informática de alunos do ensino médio) ou em parceria com organizações sem fins lucrativos (por exemplo, a AT&T trabalhou com a Cruz Vermelha, nos Estados Unidos, para fornecer celulares ao trabalho de resgate em desastres naturais).

6. **Práticas empresariais socialmente responsáveis.** Ocorre quando a empresa investe em causas sociais que melhorem a qualidade de vida da comunidade e protejam o meio ambiente. A empresa pode criar e implementar a iniciativa (por exemplo, a DuPont decidiu cortar drasticamente seu uso de energia e suas emissões de gases de efeito estufa) ou pode fechar parcerias com outras empresas (por exemplo, a Whole Foods Market trabalhou com o Departamento de Meio Ambiente, Alimentação e Assuntos Rurais do Reino Unido para aumentar a compra de espécies de peixes sustentáveis).

▶ Como a empresa pode comunicar seus valores e sua responsabilidade social?

E se sua empresa for muito atuante no apoio a causas meritórias, mas pouca gente souber disso? Sua empresa pode contar com o boca a boca natural, partindo dos agradecidos recebedores das doações, ou você precisa tomar algumas atitudes para amplificar esse reconhecimento? E, caso este último seja o seu caso, que canais você pode usar e quais os riscos de a empresa trombetear os próprios feitos?

As empresas que atuam na atual Era da Informação dispõem de um excesso de canais ao alcance dos dedos para dar seu recado ao público em geral ou a públicos-alvo específicos. Estão disponíveis tanto as plataformas tradicionais de comunicação de massa (jornais, revistas, rádio, TV, outdoors) quanto as plataformas digitais e as redes sociais (Facebook, Twitter, YouTube, entre outras).

Vamos analisar um exemplo real daquilo que a empresa pode fazer. Muita gente não sabe que o Walmart tem um programa bastante atuante que duplica a eficiência de combustível de seus caminhões e dos caminhões dos fornecedores. Lembre-se de que mencionamos anteriormente que o Walmart havia realizado um processo de substituição de toda a frota de caminhões por veículos mais eficientes, que reduzem emissões e custos, e pressionou os fornecedores para que também comprassem caminhões mais eficientes. Isso reduziria os custos operacionais do fornecedor e do Walmart e ainda reduziria a poluição total do ar.

A maioria das pessoas aplaudiria a atitude do Walmart em benefício de um meio ambiente melhor. Se o Walmart considerar que um público mais amplo deveria ser informado sobre essa iniciativa, os profissionais de marketing ou a equipe de relações públicas da empresa podem preparar uma extensa lista de formas de comunicá-la, entre elas:

1. Anúncios de página inteira em jornais e revistas divulgando a iniciativa

2. Inserir essa informação em um comercial de TV de 30 segundos sobre o Walmart
3. Criar um outdoor sobre a iniciativa
4. Descrever a iniciativa na página do Walmart na internet
5. Descrever a iniciativa na página do Walmart no Facebook e em outras redes
6. Espalhar pelo mundo a notícia via Twitter
7. Criar um vídeo de cinco minutos para exibição no YouTube

Claramente, o Walmart dispõe de uma enorme gama de possibilidades. Pode-se imaginar que a direção deverá debater internamente essas opções, podendo resolver não fazer nada ou elaborar um plano específico de promoção de sua cidadania.

Como a empresa pode medir o impacto da responsabilidade social nas vendas e no crescimento?

A maioria das empresas se satisfaz em saber que contribuiu para o bem comum – mesmo que não consiga medir o impacto dessas iniciativas sobre as vendas e o lucro. Afinal, são iniciativas com potencial para reduzir a poluição, auxiliar os mais pobres, melhorar o nível da educação e realizar incontáveis outros feitos. É altamente improvável que as boas ações da empresa *prejudiquem* as vendas e o crescimento. Apesar disso, algumas empresas podem querer estimar *quanto* as vendas cresceram, em comparação com nenhuma contribuição de responsabilidade social.

Um jeito de fazer isso é o seguinte: digamos que a empresa identifique duas comunidades semelhantes. Ela passa a conduzir um programa sólido de responsabilidade social em uma delas, e na outra, não. A empresa então compara as vendas nas duas comunidades. Se não houve diferença e todas as outras variáveis foram mantidas inalteradas, isso permitiria concluir que o investimento em responsabilidade social não elevou as vendas. Além desse método experimental, a empresa pode simplesmente entrevistar pessoas da comunidade beneficiada pelo programa de responsabilidade social para determinar se elas têm essa percepção ou aumentaram o interesse pela empresa, ou até se chegaram a comprar mais produtos dela em razão das ações de responsabilidade social. No entanto, mesmo que o retorno do investimento seja nulo ou não possa ser medido, a empresa é merecedora de crédito por fazer sua contribuição social.

Estamos testemunhando um período em que cada vez mais líderes empresariais encaram a responsabilidade social como um compromisso moral, e não como oportunismo ou reação a pressões sociais. Basta pensar no compromisso genuíno da Fundação Bill Gates ou nas doações de Warren Buffett. Líderes empresariais ricos estão se comprometendo de forma mais firme com a melhoria da sociedade e se organizando coletivamente para doar bilhões. Ao que tudo indica, os líderes morais sentem certa obrigação de partilhar sua fortuna de um jeito diferente do que faziam no passado. Eles sentem que uma parte maior do patrimônio das empresas e das pessoas deve voltar para a sociedade e um pouco menos para a própria família e para o enriquecimento pessoal. O fato de alguns, como Warren Buffett, pedirem para pagar *mais* impostos também merece ser ressaltado – assim como o fato de que Buffett ainda cuida pessoalmente de seu fundo, estando, portanto, sujeito a críticas dos investidores. Ao contrário de Bill Gates, que já está aposentado, Buffett apregoa seu ponto de vista como líder empresarial atuante que tem um compromisso moral de liderança social.

Conclusão

A Organização Internacional de Normalização (ISO), como dissemos, divulgou orientações de responsabilidade social abrangendo as seguintes áreas: meio ambiente, direitos humanos, práticas trabalhistas, problemas do consumidor, governança corporativa, práticas empresariais equitativas, envolvimento comunitário e desenvolvimento social. Sua empresa conectou-se com alguma dessas áreas de responsabilidade social?

Acreditamos que outra rota para o crescimento é a empresa estabelecer uma reputação de preocupação com os envolvidos – a comunidade e a sociedade como um todo, e ainda o futuro da sociedade. A empresa pode atrair e reter clientes preocupados com os problemas da atualidade e com o futuro de filhos e netos. Em uma empresa socialmente responsável, é provável que os empregados sintam que fazem parte de algo maior que uma simples máquina de gerar dinheiro para os donos. Muitos investidores, fornecedores e distribuidores reagirão de maneira positiva às iniciativas de responsabilidade social da empresa.

Ainda lembramos o tempo em que a única empresa que podia se gabar, sem mentir, de que produzia o carro mais seguro – a Volvo – desfrutou de 20 anos ou mais de prosperidade só por se importar com uma preocupação básica do ser humano. A Volvo, porém, perdeu sua singularidade quando outras montadoras aperfeiçoaram a segurança de seus carros. Mas ainda vale a pena para a empresa tentar resolver problemas do ser humano. Afinal, não é melhor que todas as marcas de automóveis se preocupem com a segurança em vez de uma só? Neste mundo tecnológico, maquinal e de rápido crescimento – um mundo onde a pobreza, as mudanças climáticas, a poluição e a escassez de água são motivos constantes de preocupação – há um interesse cada vez maior em encontrar, projetar e fortalecer um panorama mais humano, no qual as pessoas tenham a oportunidade de uma vida mais plena e satisfatória. As empresas precisam agir e compartilhar os receios que estão na mente e no coração das pessoas.

Cada empresa tem que achar o próprio caminho para expressar que compartilha essas preocupações. Empresas como Timberland, Patagonia, Body Shop e Starbucks manifestam, todas, essa preocupação de formas variadas. Importar-se é menos uma questão de quanto se dá e mais de como essa atenção social se manifesta no modelo de negócios, nas ofertas e nas práticas empresariais.

PERGUNTAS

1. Que esforços sua empresa tem feito em termos de responsabilidade social? As doações são variadas ou focadas em um tema central? Você participa de atividades de responsabilidade social com mais ou menos frequência que seus concorrentes?
2. Elabore uma lista de três ou mais questões sobre as quais sua empresa poderia se debruçar. Discuta os prós e contras da opção por cada questão focal possível. Qual delas faria mais sentido apoiar, considerando seu tipo de empresa?
3. Suas ações de responsabilidade social têm sido eficazes na atração de novos clientes ou no aumento do envolvimento dos clientes atuais? Essas ações aumentaram o envolvimento dos empregados? Que efeito as ações de responsabilidade social tiveram sobre os fornecedores e distribuidores?
4. O público está ciente do seu grau de compromisso com a responsabilidade social? Em caso contrário, você gostaria que ele soubesse mais? E como faria para informá-lo?

8 | Crescer formando parcerias com governo e ONGs

O tempo gasto no reconhecimento raramente é perdido.
– Sun Tzu

O produto interno bruto de qualquer nação é formado por três componentes: gastos do consumidor, gastos das empresas e gastos do governo. O percentual que o governo gasta, em relação ao PIB, varia de forma considerável entre um país e outro, desde aqueles em que o governo desempenha um papel pequeno, como Guatemala (13,7%) e Camboja (13,9%), até aqueles em que o governo desempenha um papel preponderante. Países europeus, como França, Suécia e Bélgica, estão na faixa entre 50% e 53%. China, Rússia, Índia e Estados Unidos estão abaixo de 40%. Na extremidade alta de gastos do governo estão Zimbábue, que gasta 97,8%, e Cuba, que gasta 78% do PIB.

Podemos compreender melhor e chamar a atenção para os problemas e as oportunidades relacionados aos gastos governamentais analisando os dos Estados Unidos. Em 2010, o gasto total do governo americano foi de cerca de 40% do PIB. Desses 40 pontos percentuais, o governo federal gasta 20, os estados, 10, e os governos locais, outros 10. Esse dinheiro se destina a defesa, educação, saúde, assistência social, transportes, pensões, vencimentos do funcionalismo público e juros da dívida. Os diferentes níveis de governo gastam quantias variadas em cada uma dessas áreas; por exemplo, a defesa é, antes de tudo, um gasto do governo federal, ao passo que a educação é um gasto governamental mais local. Muitos gastos estaduais e locais são financiados por transferências diretas federais.

O que importa às empresas é que muitos tipos de gasto – em especial, defesa, saúde, educação e transportes – consistem na produção de bens de capital, bens de consumo e serviços. Assim, as empresas estão entre as que mais se beneficiam dos gastos do governo nessas áreas. Todos os dias, agências governamentais nos níveis federal, estadual e local abrem licitações, convidando o setor privado a fazer propostas. Entre elas podem estar a construção de uma escola, uma estrada, um hospital ou uma penitenciária; a compra de bens agrícolas para o combate à fome nos Estados Unidos ou em outro país; o apoio à pesquisa científica ou à P&D; o lançamento de satélites; a implantação de equipamentos, máquinas e materiais de defesa, entre várias outras atividades.

Isso proporciona às empresas mais uma possibilidade de crescimento, por meio do monitoramento da atividade governamental e das licitações e do aprendizado de como fazer uma proposta bem-sucedida. Com grande frequência, o orçamento governamental inclui o apoio ao trabalho de organizações não governamentais (ONGs). Parcerias podem ser formadas de várias maneiras – seja entre governo e empresas ou entre governo, empresas e ONGs.

Antes de analisar as oportunidades de negócios disponíveis nas parcerias com agências governamentais ou ONGs, é preciso observar que os habitantes de diferentes países têm visões distintas em relação à proporção e ao alcance que seu governo deve ter. E as empresas tendem a ter três tipos de visão em relação ao impacto geral do governo sobre os negócios.

Uma dessas visões, sustentada pelos libertários e pelos conservadores de direita, é que, embora a atuação do governo seja necessária em segurança, defesa nacional, saúde pública e administração da justiça, o governo é, antes de tudo, um fardo e um obstáculo à boa gestão dos negócios. Os que têm esse pensamento votam em favor de menos governo, menos impostos e menos regulamentações empresariais. Os críticos da direita conservadora argumentam que os conservadores radicais passaram anos proclamando que "o governo é mau" e que "os impostos são maus".[1] Muitos americanos concordam com essa visão do governo, algo que está na origem da atual polarização extrema da política americana. Em seu livro *Land of Promise* (Terra Prometida), o autor Michael Lind comenta:

> Os Pais Fundadores se opunham à tirania. Mas defendiam a autogovernança, e não a não governança. O Tea Party pinta o governo como intrinsecamente opressivo, necessariamente esbanjador e quase sempre nocivo ao crescimento e à prosperidade de nossa nação. Os republicanos não reconhecem legitimidade em objetivos coletivos, o que demoniza todo empreendimento público – da escola pública à Previdência Social.[2]

O segundo ponto de vista, sustentado por conservadores moderados, é usar o governo para aprovar leis que garantam uma rede de segurança social para os pobres e que permitam que cada setor interessado faça lobby para obter subsídios e benefícios fiscais, dentro de um regime regulatório leve. É uma visão que defende um grau moderado de tributação para uma atividade governamental de escala maior. Apoia o direito das empresas de fazer lobby junto aos governos federal, estaduais e locais por desregulamentação ou redução da regulamentação, diminuindo o custo de empreender e aumentando o alcance e a dimensão da atividade empresarial, e também apoia acordos comerciais que abram novos mercados para seus bens e serviços. Os conservadores moderados atuam por intermédio de suas empresas, associações empresariais ou em caráter individual.

O lado ruim dessa liberdade de interação entre empresários e governo é a prática onipresente da corrupção, apesar de todos os esforços para combatê-la. Eis uma situação típica: um empreiteiro local faz doações a políticos locais e ganha contratos de construção com o setor público. Em seguida, esse empreiteiro consegue empréstimos nos bancos locais, com condições extremamente generosas, graças aos políticos locais. Dessa forma, a corrupção nasce claramente do relacionamento entre certas empresas e os políticos locais que elas apoiam.

O terceiro ponto de vista é que o governo deveria ter um papel proativo no subsídio a novos setores e no estímulo à atividade econômica nos ciclos negativos. Isso iria além do papel típico do governo, de emitir títulos para construir escolas, estradas, ferrovias, aeroportos, barragens e a infraestrutura necessária; a tese, ao contrário, é que o governo deveria contribuir diretamente para o desenvolvimento da economia e das empresas.

Em geral, a infraestrutura é construída por empresas privadas, em parceria com o governo, por meio de diversos modelos de parceria de investimento e receita. Cada país tem seus modelos, conforme o setor. Vamos ver, por exemplo, o caso da expansão ferroviária.

- O governo alemão tomou a iniciativa de implantar uma malha ferroviária de primeira linha, de alta velocidade e muito eficiente, interligando as cidades alemãs.
- O governo espanhol tomou a iniciativa de tornar todos os recantos da Espanha acessíveis por trem; sua rede, porém, carece do grau de eficiência da alemã e sofre com constantes déficits orçamentários. Em vez de construir linhas norte-sul e leste-oeste independentes, a Espanha acabou ficando com várias linhas que têm pouco uso. Hoje, ou é obrigada a abandonar as linhas deficitárias, ou a elevar os preços para cobrir os custos.
- A rede ferroviária americana foi desenvolvida, na maior parte, por empresas privadas que arrecadaram fundos no mercado de capitais, com alguma ajuda de benefícios públicos. A família Vanderbilt e outros barões das ferrovias construíram ou compraram várias linhas que penavam com diferenças de

padronização e dificuldades de conexão. Os trens americanos, em geral, tinham baixa velocidade. O transporte ferroviário de passageiros acabou sendo transferido para o governo e opera nacionalmente com o nome de Amtrak. Há, além disso, uma série de linhas de conexão de propriedade pública. O transporte ferroviário de carga continua sobretudo em mãos privadas.
- O atual Estado chinês possui a mais extensa rede ferroviária de alta velocidade do mundo, interligando as maiores cidades e as regiões mais distantes da China. Também vem emprestando elevadas quantias a países africanos para que construam redes ferroviárias estatais. O dinheiro gasto na construção de ferrovias permite que o país contrate mais operários, que, por sua vez, gastam seus salários, gerando mais crescimento econômico.

A maioria das empresas sustenta todas essas três visões do governo – às vezes se irrita com o governo, outras vezes tira proveito de conexões políticas, e em certos momentos faz parcerias com o governo para conseguir alguma coisa. É difícil afirmar, de maneira generalizada, se a participação do governo na expansão da infraestrutura e no crescimento do país acelera o progresso econômico. A Califórnia tornou-se a nona maior economia do mundo (se fosse um país independente) em uma época de impostos mais altos e gastos liberais do governo na melhoria da educação e na construção de autoestradas. Os impostos eram mais altos, mas o crescimento da renda também era mais elevado. Então os eleitores californianos aprovaram pelo voto um teto para o imposto sobre a propriedade. Essa decisão, junto com o declínio econômico na época em que este livro foi escrito, reduziu a receita fiscal de estados e municípios. Após a crise de 2008, a Califórnia quase decretou falência. Ao se deparar com enormes despesas correntes e pagamento de aposentadorias e pensões, foi obrigada a cortar seus orçamentos de educação, saúde e assistência social, e a reduzir a manutenção da infraestrutura. Vários grandes municípios, como San Bernardino, declararam falência. Embora tenha se recuperado depois, parte da deterioração da qualidade de vida na Califórnia se deveu ao teto fiscal, enquanto o estado precisava desesperadamente de receita para manter e melhorar sua infraestrutura.

Eis algumas das perguntas que gostaríamos de analisar neste capítulo:

1. Que papéis o governo pode desempenhar que seriam bons para as empresas e para a economia?
2. Como as empresas podem trabalhar melhor com o governo e as ONGs?
3. Em que situações o governo se torna mais um empecilho do que um acelerador do crescimento econômico?
4. Como os governos dos países podem colaborar melhor entre si, em benefício mútuo?

Que papéis o governo pode desempenhar que seriam bons para as empresas e para a economia?

O debate sobre o tamanho e o papel do governo de modo geral, e na economia em particular, tem uma longa história. E é um debate que provavelmente sempre ocorrerá, com um dos lados prevalecendo em alguns momentos e o outro ganhando apoio em outros. Há, porém, excelentes argumentos em favor de uma operação mais colaborativa entre os setores público e privado na economia mundial competitiva e interdependente de hoje. Existem vários papéis positivos que o governo pode desempenhar para fortalecer o setor privado, por meio de investimentos públicos em P&D e incentivos fiscais para startups e expansão de negócios. De maneira análoga, alguns setores hoje públicos podem atuar de forma mais eficiente com uma privatização parcial ou total.

A seguir, vamos especificar seis papéis em que o governo pode realizar uma contribuição sólida na melhoria da performance do setor privado. São os papéis do governo em infraestrutura, defesa, educação, segurança alimentar e saúde, desastres naturais e planejamento econômico.

Papéis na infraestrutura. Embora qualquer pessoa possa abrir uma empresa, provavelmente ela não irá longe a menos que o governo ou o setor privado tenham feito determinados investimentos em infraestrutura. Em outras palavras, não basta simplesmente montar um restaurante; esse restaurante necessita de eletricidade, água encanada, coleta de lixo, ruas e calçadas e outros fatores facilitadores. Empresas privadas do setor de serviços podem prover parte disso, mas outra parte terá que ser suprida pelo governo. O contribuinte espera que o governo construa ruas, estradas, pontes, sistemas de esgoto, portos e aeroportos, porque o setor privado não dispõe do capital para construí-los ou não pode cobrar tarifas politicamente aceitáveis para lucrar com essas instalações.

O investimento estrangeiro em construção e gestão de infraestrutura pode ser politicamente sensível, por motivos de segurança nacional. Por exemplo, em 2006, a tentativa de venda da gestão de seis dos maiores portos marítimos americanos pela P&O, britânica, para a DP World, sediada nos Emirados Árabes Unidos, gerou forte oposição no Congresso e acabou bloqueada, apesar do aval da Casa Branca.

Com frequência, governos estaduais e municipais trabalham em conjunto com investidores privados em estradas, no modelo BOT (*Build, Operate and Transfer*, isto é Construção, Operação e Transferência). O governo cede o direito da operação privada da estrada, com cobrança de um pedágio regulamentado durante certo período, ao fim do qual a propriedade da estrada retorna ao governo. Temos visto governos municipais revenderem propriedades ao setor privado a fim de arrecadar o suficiente para cobrir despesas correntes da administração e o serviço da dívida. A cidade de Chicago, por exemplo, decidiu vender seus parquímetros a uma empresa privada, por um montante fixo, calculado com base no valor corrente do fluxo de receita estimado para o comprador privado.

Em relação à responsabilidade do governo pela infraestrutura, não há muita polêmica. A queixa das empresas costuma ocorrer quando as estradas não recebem manutenção, quando há poucas estradas e quando elas apresentam grandes engarrafamentos, ou quando o serviço de limpeza urbana se degrada, causando riscos à saúde pública.

Nos Estados Unidos, uma das maiores dificuldades para o aumento ou a melhoria da infraestrutura reside no fato de que as agências estaduais e locais – que cuidam de escolas, pontes, estradas e tráfego urbano – necessitam de aprovação, pelos eleitores, para a emissão de títulos para bancar a infraestrutura. E é comum que votem "não", porque isso resultaria em aumento dos impostos. A maioria vota contra o financiamento de escolas porque não tem filhos na escola. O mesmo acontece com as pontes, porque a maioria dos eleitores usa uma ponte, mas não as outras. Em geral, é por esse motivo que a aprovação desse endividamento exige muito convencimento e liderança.

Papéis na defesa. Outro debate em que também não há controvérsia gira em torno do papel do governo na proteção de seus cidadãos contra a violência civil ou potências estrangeiras que possam declarar guerra. Todo país recruta policiais e bombeiros, e mantém um exército, uma marinha e uma força aérea para proteger as vidas e a propriedade de seus habitantes. Espera-se que, na maior parte do tempo, as forças armadas não precisem atuar e que seu custo seja assumido pela população agradecida. Mas sempre existem fabricantes de equipamento militar fazendo lobby no Congresso em favor de maiores gastos com defesa. Esses lobistas alegam que a defesa está subdimensionada e carece de mais investimento para bancar armas, instalações e equipamentos novos e mais modernos. Quando os lobistas têm êxito, o Congresso concorda e uma parte maior dos recursos do país vai para a indústria militar. Os gastos do governo aumentam, levando a uma alta dos impostos e a um déficit mais profundo – combatido, ironicamente, pelas mesmíssimas pessoas que defenderam o aumento dos gastos com defesa.

Os lobistas também dão ampla divulgação a ameaças à segurança nacional, representadas por terroristas, jihadistas e outros tormentos que se abaterão sobre o país caso nada façamos para erradicá-los. Em vez de simplesmente defender nosso território, esses lobistas lutam para que imponhamos nossa potência em outras partes do mundo a fim de defender nossos *interesses*. É um ponto de vista com apelo aos patriotas, e os Estados Unidos acabam ampliando sua presença militar além do que talvez fosse necessário. Trata-se, porém, de uma boa abordagem para certas empresas.

Apesar disso, algumas vozes sensatas lembrarão que já produzimos tantos aviões, navios e tanques que não chega a ser necessário um novo tipo de caça ou um porta-aviões a mais. Além disso, certas vezes *nem as lideranças militares* querem isso. Mas os equipamentos serão produzidos, mesmo assim, para que políticos nos 50 estados americanos possam preservar empregos ligados ao setor de defesa em seus distritos, agradando empresas e eleitores interessados. Infelizmente, a população ignora o fato de que um grande suprimento de equipamento militar acaba se tornando a própria razão para uma ação agressiva. E, como a guerra leva à destruição desses equipamentos – e, portanto, à necessidade de substituí-los –, essa abordagem garante a manutenção de empregos no setor industrial militar.

Papéis na educação. O cidadão em geral aceita a ideia de que cabe ao governo prover educação – pelo menos nos níveis elementar, médio e universitário, tanto locais quanto estaduais – para ampliar o capital humano do país. O setor privado não tem como prover isso, porque cobraria mensalidades muito altas e um número grande demais de pessoas não tem como pagar por elas – o que resultaria em menos gente instruída. Cabe, portanto, ao governo cuidar da educação pública, e aos cidadãos pagar pela educação básica "gratuita" por meio de impostos e, no nível superior, por meio de mensalidades mais modestas do que aquelas pagas em universidades particulares.

Alguns pais, porém, preferem mandar os filhos para escolas privadas que cobrem um valor adequado, para ter acesso a uma educação de melhor qualidade e/ou ensino religioso. E quanto pior fica o ensino público, maior é o número de pais que decidem colocar os filhos no ensino particular. O sistema público de ensino de Washington D.C., por exemplo, é tão ruim que quase nenhum servidor público federal que mora na capital americana põe o filho em escolas públicas. Na década de 1950, o renomado economista Milton Friedman propôs que os pais recebessem *vouchers* para mandar os filhos à escola que bem entendessem, o que estimularia a concorrência entre as escolas e aumentaria a qualidade do ensino público.[3] O movimento por esse sistema de escolas *charter*, que embute a competição no sistema público de ensino, vem fazendo importantes progressos.

Resta a questão de quem deve prover a educação superior e quem deve arcar com o custo. Tecnicamente, um país se beneficia do incentivo ao maior número possível de cidadãos com um diploma de faculdade. Em países como França e Alemanha, a educação superior é gratuita ou, pelo menos, barata. Mas nos Estados Unidos, como se sabe, um curso universitário de quatro anos é caríssimo – mesmo quando ministrado por universidades públicas estaduais, como as de Michigan, Wisconsin, Illinois e outras semelhantes. Aqueles que não têm como pagar as anuidades podem optar por universidades comunitárias, a um valor acessível, ou simplesmente desistir de fazer faculdade. Muitos concordam que é preciso fazer algo para conter a disparada do custo do ensino superior de alguma forma, do contrário, o país perderá capital humano.

Está claro que as empresas têm a ganhar com o investimento e o apoio do governo a um bom sistema educacional, que produza cidadãos com treinamento e capacitação de qualidade. As empresas também ganham quando participam de uma série de projetos relacionados à educação, entre os quais a construção e a manutenção de escolas; a criação e a comercialização de material educativo; o fornecimento de insumos para escolas; e aquecimento, iluminação, refrigeração e abastecimento de água, necessários para a operação das escolas.

Papéis na segurança alimentar e na saúde. A maioria das pessoas deseja que o governo, nos níveis municipal, estadual e federal, zele pela segurança e pela saúde de seus cidadãos. Os Estados Unidos criaram agências como o Departamento de Agricultura, o Departamento de Saúde e Serviços Humanos, a Administração Federal de Drogas (FDA), os Centros de Controle e Prevenção de Doenças (CDC) e outras responsáveis pela inspeção dos alimentos e pela segurança dos medicamentos. Muitas dessas agências foram criadas na esteira de escândalos nos primórdios do setor de carne industrializada, de produtos de má qualidade ou perigosos que apregoavam falsos benefícios à saúde.

Para que o governo propiciasse um nível total de proteção, seria preciso monitorar e avaliar tanta coisa que provavelmente o público se insurgiria. Essas agências são sujeitas a orçamentos apertados, o que as obriga, muitas vezes, a se concentrar tão somente nas questões de saúde e segurança alimentar. Os contribuintes querem que o governo proteja a saúde e garanta a segurança – mas só até certo ponto.

Evidentemente, as empresas precisam apoiar a regulamentação estatal que garanta a segurança alimentar e a saúde. Concorrentes íntegros e setores inteiros são prejudicados quando uma empresa produz drogas falsificadas ou nocivas, alimentos com ingredientes que fazem mal à saúde e brinquedos que podem machucar ou envenenar crianças.

Papéis em desastres naturais. Todo país está sujeito a desastres naturais, como furacões, enchentes ou terremotos – tragédias que causam mortes e deixam os sobreviventes arrasados com a perda de seus lares e bens. A maioria da população espera que o Estado esteja preparado para oferecer ajuda emergencial no caso de desastres naturais, sejam eles o furacão Katrina, nos Estados Unidos, o terremoto de Sichuan, na China, ou o tsunami no Japão, em 2011. Nas emergências, as empresas podem ajudar com materiais para reconstrução, suprimentos de água e comida e assistência de saúde de emergência e medicamentos. As ONGs e os cidadãos podem fornecer voluntários, contribuições financeiras, roupas e uma série de serviços de emergência. As empresas também podem ganhar dinheiro com a reconstrução. O fundo de índices (ETF) SPDR S&P Oil & Gas Equipment & Services acompanha as ações de uma cesta de 27 empresas diferentes relacionadas a reformas, construção e manutenção no setor de petróleo e gás natural. Esse fundo valorizou-se 20% em 2010 e uma boa parte disso foi gerada por vendas relacionadas à reconstrução após o Katrina.

Papéis no planejamento econômico. O papel mais controvertido que o governo pode desempenhar é o de tentar orientar a economia nesta ou naquela direção. Os defensores do livre mercado defendem que o governo não tenha "favoritos" nem tente influenciar quais setores e empresas devem crescer. Querem que as forças do mercado, e não decretos governamentais ou dinheiro, influenciem o crescimento da economia. Ao mesmo tempo, muitos deles também fazem lobby por favores do governo em apoio ao próprio setor ou à própria empresa.

Outro grupo é o dos que apoiam "desenvolvimento econômico orientado". Estes querem que o governo descubra quais setores proporcionarão ao país um bom crescimento econômico e um número suficiente de empregos. Querem identificar quais os setores que provavelmente crescerão mais no futuro e incentivar o governo a dar apoio a esses candidatos ao crescimento. O Estado pode estar disposto a subsidiar setores emergentes muito promissores e que protejam o meio ambiente. Os Estados Unidos, por exemplo, como outros países, subsidiam o setor de energias renováveis (solar e eólica).

Outra questão inerente a essa visão é o que o governo deve fazer em relação a setores que já atingiram a maturidade e agora sofrem com desvantagens competitivas no comércio global. Pode-se deixá-los morrer de forma lenta ou oferecer protecionismo tarifário e investimento público em pesquisa e desenvolvimento. Um exemplo são os Estados Unidos, que protegem os setores essenciais de pneus e aço contra a concorrência mais barata do exterior, impondo tarifas dentro das regras da Organização Mundial do Comércio. Algumas dessas medidas são aprovadas pela OMC.

Países como China, Japão, Coreia do Sul e França não se acanham de dirigir o desenvolvimento econômico nacional. Basta pensar na rapidez com que o Japão se recuperou depois da Segunda Guerra Mundial, planejando o desenvolvimento dos setores de automóveis, motocicletas e eletrônicos, e como a Coreia do Sul optou pelo crescimento desses mesmos setores. Sempre existe o risco de que os setores escolhidos sejam os errados. Mas, quando o governo trabalha com as empresas para apostar em vários setores novos, é de esperar que um ou mais dentre eles atinja êxito suficiente para sobrepujar quaisquer escolhas equivocadas.

A maioria das empresas se reúne em associações setoriais e profissionais que se esforçam muito para influenciar as políticas econômicas do governo, mesmo em um ambiente de "livre mercado". Setores como o de energia solar, nos Estados Unidos, reivindicam subsídios, sobretudo benefícios fiscais, ou tarifas protecionistas que sustentem seus negócios. As empresas e as diversas agências governamentais entram todos os anos com milhares de reclamações contra *dumping*. É difícil pensar em uma empresa que *não* esteja tentando melhorar a própria situação influenciando e atuando sobre o governo.

Diante de uma competição global cada vez maior, os governos provavelmente desempenharão um papel crescente no apoio à melhoria da competitividade global por meio de serviços de proteção comercial, financiamento de P&D, benefícios fiscais, acordos comerciais estratégicos e defesa de práticas comerciais equitativas.

▶ Como as empresas podem trabalhar melhor com o governo e as ONGs?

Os governos do mundo inteiro costumam se envolver bastante com determinados setores que são de interesse nacional. Já mencionamos o papel dos governos na implantação de uma *indústria de defesa*, fazendo encomendas de aviões, navios e munição. O Estado também participa da *agricultura*, em um esforço para aprimorar a produção e a produtividade agrícola. O Serviço de Extensão do Departamento de Agricultura americano desempenhou um papel preponderante no apoio aos agricultores para um uso mais produtivo da terra e em informações sobre o que produzir. O governo chega a pagar a alguns agricultores para não plantar em suas terras, seja para recuperar os nutrientes ou evitar a superprodução. Outra área em que o governo se envolve é o apoio ao desenvolvimento de setores de tecnologia de ponta (*hi-tech*) – robótica, inteligência artificial, biotecnologia, ciências da energia, tecnologia da informação –, para que gerem mais empregos. Os Estados Unidos são líderes mundiais em instituições de pesquisa científica com financiamento público.

No passado, o governo tinha duas alternativas quando precisava realizar obras públicas (por exemplo, estradas, portos, ferrovias): ou tocar o projeto por conta própria, como nos casos da Tennessee Valley Authority e do Corpo de Engenheiros do Exército, ou usar processos licitatórios e atribuir a realização da obra ao melhor ofertante. Neste último caso, muitas vezes o governo entra com o capital e a empresa escolhida entra com a mão de obra e os materiais. Concluída a obra, o governo e a empresa podem compartilhar a manutenção e a gestão.

Ultimamente ouve-se falar cada vez mais em uma terceira via, chamada *Parcerias Público-Privadas (PPPs)*. O termo se refere à situação em que o governo forma uma parceria com uma ou mais empresas do setor privado. A parceria pode ser proposta por um lado ou pelo outro e os dois elaboram os termos, resolvendo quem fornece o capital, a mão de obra e os materiais, e como será dividida a receita do projeto. A ideia por trás desse método é fazer com que o setor privado traga eficiência, criatividade e parte do capital, e que o governo também entre com capital, ativos, terrenos, benefícios fiscais e garantia de receita anual. Em geral, as empresas do setor privado formam um consórcio para planejar, construir, manter e operar o projeto por um período definido em contrato. Em alguns casos, o próprio governo assume uma participação na receita do projeto. Em geral, há um acordo entre o governo e as empresas em relação à divisão dos riscos, caso as coisas deem errado.

As PPPs são particularmente desejáveis em momentos de baixo crescimento econômico, nos quais o Estado carece do capital para realizar o projeto sem ajuda do setor privado. Este também se beneficia, já que pode propor ao Estado projetos de infraestrutura e demonstrar como pode ajudar a financiar, realizar e operar esses projetos. Portanto, sua empresa B2B (*business-to-business*) pode ir em busca de uma nova rota de crescimento convencendo governos municipais, estaduais ou federal de que ela tem como dar conta das obras públicas necessárias por meio de parcerias público-privadas.

Os projetos PPP mais importantes estão relacionados à criação ou melhoria da infraestrutura (estradas, portos, aeroportos, transporte urbano rápido, pontes, etc.) e a projetos imobiliários geradores de receita de impostos (shopping centers e moradias) nas imediações dessas obras. As PPPs estiveram por trás de alguns dos maiores projetos das últimas décadas, como a ligação ferroviária entre França e Reino Unido sob o canal da Mancha; as autoestradas com pedágio Beira Litoral e Beira Alta, em Portugal; a estrada com pedágio M5, na Hungria; a concessão ferroviária Perpignan-Figueiras, que permitiu uma ligação transfronteiriça entre França e Espanha; e o projeto rodoviário Trakia, na Bulgária.[4] Nem todos esses projetos foram um sucesso e as parcerias público-privadas foram motivo de certas críticas em relação a sobrepreços. A maior preocupação é que arranjos entre políticos e empresas por eles preferidas resultem em projetos que não atendam às expectativas.

Uma coisa bastante clara é que diversos países estão em uma corrida pela globalização. E, considerando a conjuntura de baixo crescimento econômico, os governos podem desempenhar um papel positivo ajudando as empresas nacionais a aumentar a competitividade.

Precisamos dedicar um comentário às empresas que buscam oportunidades no setor das organizações não governamentais. Entre as ONGs estão hospitais, escolas particulares e faculdades sem fins lucrativos, organizações particulares de serviço social, organizações de caridade, museus, entidades de espetáculos artísticos, organizações ambientais, instituições religiosas e vários outros tipos de organização que operam em uma lógica não lucrativa, recebendo contribuições dedutíveis do imposto de renda. Essas organizações precisam de suprimentos, instalações físicas e equipamentos, distribuidores e espaço na mídia – e pagam por esses serviços com o dinheiro que arrecadam com os programas que desenvolvem. Elas lançam campanhas e pedem apoio do setor privado e do governo. Parte desse orçamento vem da obtenção e do uso de subsídios governamentais.

Muitas ONGs conseguem uma receita significativa com lojas de varejo, licenciamento de mercadorias, restaurantes e outras atividades comerciais. O Metropolitan Museum of Art, de Nova York, teve faturamento de 95 milhões de dólares em 2011 com suas atividades comerciais, com receita líquida de quase 6 milhões de dólares. Os museus precisam de cautela na gestão de subsidiárias que visam ao lucro como forma de receita. Se a receita comercial exceder 15% a 30% da receita total do museu, a isenção fiscal pode ficar ameaçada.

Empresas que buscam crescer devem prestar atenção nas necessidades do mundo das ONGs. Hospitais, universidades, museus, teatros e instituições religiosas podem estar fazendo planos de expandir suas instalações ou erguer um prédio novo, e talvez já disponham dos recursos para isso. O design e a construção de edifícios institucionais são negócios enormes. Empresas de arquitetura e de construção precisam conhecer esses projetos e entrar no processo de seleção. Empresas que angariam boa reputação por se especializarem em uma ou duas áreas terão mais chance de ganhar o contrato nessas áreas. Por exemplo, o arquiteto Frank Gehry, da Gehry Partners, LLP, conquistou uma reputação sem igual pela criação de novos e estonteantes museus. Ele costuma vencer os concursos quando os museus podem pagar seus honorários mais elevados. Outro exemplo é a Perkins+Will, maior escritório de arquitetura hospitalar do mundo.

▶ **Em que situações o governo se torna mais um empecilho do que um acelerador do crescimento econômico?**

Por mais que se chegue a um consenso de que o governo precisa prover a maior parte das seis funções mencionadas antes, as empresas e associações empresariais provavelmente nunca deixarão de reclamar que o governo é um empecilho, mais do que um acelerador da atividade econômica. As críticas podem ser subdivididas em três categorias.

Regulamentação. No esforço para proteger a saúde e a segurança alimentar de seus cidadãos, os governos costumam exigir das empresas a obediência a regras como: "Não poluirás, não venderás carne ou peixe estragado aos cidadãos". As empresas precisam conhecer essas regras, preencher formulários e relatórios e, em geral, gastar dinheiro apenas para estarem atualizadas em relação a essas regras. Um dos maiores fardos veio em 2002, com a Lei Sarbanes-Oxley, que passou a exigir uma enorme papelada e atribuiu ao CEO a responsabilidade por comportamentos antiéticos que ocorram em qualquer nível da empresa. Essa e outras medidas regulatórias certamente contribuíram para o crescimento acelerado dos setores de contabilidade e advocacia empresarial – mas ao preço da desaceleração do crescimento e da lucratividade de muitas empresas.

Trata-se de uma questão de medir o custo-benefício de determinada regulamentação antes de aprová-la. Até que ponto aquela regra é necessária? Vai coibir muitos abusos? Quando tempo demandará para ser compreendida e obedecida? Quantos vão cumpri-la? Ela vai ajudar ou acelerar o crescimento econômico? O ideal é que os benefícios de uma regulamentação superem seus custos.

Embora o excesso de regulamentação seja negativo e prejudique o crescimento, certas regras são claramente necessárias para garantir a qualidade dos alimentos, da água e do ar, bem como dos medicamentos. Como alguém disse certa vez, ninguém quer respirar ar poluído, beber água contaminada, ingerir alimentos tóxicos, dirigir carros perigosos, com pneus perigosos e em estradas perigosas, ou viver em edifícios inseguros.

Impostos mais altos. A segunda queixa é que as regulamentações e os órgãos reguladores exigem financiamento por meio do aumento de impostos sobre o contribuinte. Não existe "regulamentação sem custo", portanto, a pergunta é se a regulamentação é eficiente e implementada de forma eficiente. Isso, pelo menos, reduzirá os encargos nas costas do contribuinte.

Custo da incerteza. O processo legislativo envolve, por definição, partidos concorrentes envolvidos na definição de políticas públicas. Muitas questões vão se arrastar durante meses e até anos, causar muita insegurança e impedir as empresas de investir e seguir em frente. Os riscos para o futuro do euro criados por Grécia e Espanha retardaram investimentos ao levar a uma alta da taxa de juros. O custo alto dos empréstimos inibiu o financiamento de estados e municípios americanos por meio da emissão de papéis da dívida. Muitas cidades e um estado, Illinois, se viram diante de custos altíssimos para lançar títulos. Duas cidades californianas, Stockton e San Bernardino, declararam falência. Nos Estados Unidos, a dúvida sobre se o governo continuará a aumentar o limite de gastos e como lidará com os assustadores gastos com saúde e aposentadorias adiciona uma nuvem de incerteza, freando os investimentos e o consumo.

▶ Como os governos dos países podem colaborar melhor entre si, em benefício mútuo?

O maior perigo em uma economia de baixo crescimento é que os governos cedam à pressão dos interesses do setor privado para ser protegido pela estipulação de barreiras tarifárias. Quando esse processo de protecionismo econômico começa, todos os países se sentem justificados para erigir barreiras de autodefesa, com o indesejado efeito de uma redução no comércio mundial e no crescimento das empresas. É uma situação semelhante ao chamado *paradoxo da poupança*, em que, quando todo mundo decide economizar mais e gastar menos, o efeito é uma redução do crescimento.

Precisamos, portanto, que as nações do mundo trabalhem juntas, por meio da OMC e de outras organizações internacionais, para facilitar, e não restringir, o comércio internacional. É necessária uma coordenação mais estreita entre os governos e os atores do setor privado para desenvolver uma padronização global das regras comerciais em relação à proteção da propriedade intelectual, à governança do comércio, às regras de transportes, bancos, instituições financeiras, comunicações e padrões de internet.

O livre comércio não é a única questão relevante para o crescimento econômico global e, em consequência, para o crescimento das empresas. Dispomos de instituições financeiras internacionais, como o FMI, que obtém capital dos países desenvolvidos para ajudar economias menos desenvolvidas em dificuldades financeiras.

▶ Conclusão

Os governos e suas agências desempenham um papel importante em todos os países. Em sua versão mínima, o Estado pode se limitar a defesa, infraestrutura e educação. Mesmo com tão poucas funções, o governo precisa de empresas que o ajudem a dar conta de seus projetos, fornecendo bens e serviços, como equipamentos e insumos militares, ferrovias, portos e aeroportos, estradas, escolas e outros. Em alguns países, o governo assume muitos outros papéis, que envolvem gasto de dinheiro público em bens e serviços necessários. Nessas empreitadas, em geral, o governo convida empresas com fins lucrativos a enviar propostas para o serviço a ser feito. Atualmente, cada vez mais, os governos recorrem às Parcerias Público-Privadas (PPPs) a fim de assegurarem o capital para o desenvolvimento da infraestrutura. Pelo mesmo motivo, as organizações não governamentais (ONGs) precisam de bens e serviços adicionais. Embora as empresas sejam obrigadas a preencher uma enorme papelada ao concorrer a licitações do governo e serviços para as ONGs, muitos desses serviços podem ser lucrativos – sobretudo para as empresas que adquiriram uma extensa e profunda experiência no trabalho com o Estado e as ONGs. Quando o consumo dos lares e das empresas declina, as empresas devem lembrar que os governos de países com economias fortes podem aumentar seus gastos – algo que propiciará oportunidades de crescimento às empresas.

PERGUNTAS

1. Faça uma lista de todos os serviços que sua empresa já realizou para órgãos governamentais. No geral, foram lucrativos ou deram prejuízo? Se deram prejuízo, por que isso aconteceu?
2. Você é capaz de identificar algum serviço para o governo que poderia ser lucrativo para sua empresa tentar atualmente? Você tem uma boa chance de vencer a licitação e obter um lucro razoável?
3. Você já prestou serviço a algum setor específico do mundo das ONGs e adquiriu expertise e reputação nesse setor? O que o está impedindo de ampliar seu esforço nesse setor?
4. Sua empresa está perdendo faturamento em outro país que tenha aumentado as barreiras tarifárias e não tarifárias? Você tem feito lobby junto ao seu governo para que eleve as barreiras tarifárias e não tarifárias contra esse país? Essa é a melhor forma de reagir ao problema?

Epílogo

Atualmente vivemos o período mais incerto desde a Grande Depressão. E esse perigo é hoje, como foi naquela época, global. Grande número de forças – recessão e desemprego elevado, infraestrutura decrépita, pobreza, conflitos militares e religiosos, temores ambientais, polarização política – convergiu de forma a paralisar a ação. E os diversos atores afetados – indivíduos, comunidades, empresas, governos, líderes políticos, áreas de ciência e tecnologia, instituições sociais e culturais e ONGs – precisam agir de maneiras novas para salvar as próprias esferas e, ao mesmo tempo, a esfera global. Resumindo: *todos nós* temos que fazer nossa parte para que a economia mundial volte a crescer.

Este livro trata de uma esfera muito importante – as empresas. Elas precisam crescer e cooperar com as demais esferas para que isso aconteça. As empresas precisam recorrer à sua fonte dinâmica de crescimento – que sempre foi e sempre será o cliente. Existe muita riqueza no mundo, mas, além de desequilibrada em sua distribuição, essa riqueza não está sendo gasta ou investida. A maçaneta que abre a porta do crescimento econômico sempre foi o consumo, quer ele envolva transações domésticas, quer internacionais. E a chave para o pontapé inicial do consumo reside na força e na aplicação do marketing.

Em épocas incertas, as pessoas reduzem o consumo e poupam. Temem o futuro e querem economizar para o período que terão pela frente. E, quando as pessoas não gastam em consumo, os setores econômicos não investem. A poupança pode ser positiva para o indivíduo; no entanto, costuma ser negativa para a sociedade como um todo. Consumidores e empresas precisam compreender o *paradoxo da poupança*. Quando todo mundo decide poupar mais e gasta menos, as empresas faturam menos, cortam custos e empregos. Segundo esse paradoxo, um nível de poupança elevado em meio a uma recessão acaba deixando as pessoas mais pobres.

Nos tempos de bonança, sempre há muita despesa e investimento. Nesses bons momentos, o desafio é evitar que indivíduos, empresas e governos gastem demais – impedindo-os de ir além de sua renda, receita líquida e limite razoável de crédito. Foram esses, na verdade, os fatores que nos levaram à confusão atual. Mas agora são outros tempos. Estamos desalavancando a economia *em excesso* e precisamos começar a gastar de novo.

A missão do marketing sempre foi manter a bola rolando pelo lado da despesa. E não é gastar apenas por gastar, construindo elefantes brancos. Estamos falando de gastar e investir para atender a imensa demanda não satisfeita de bilhões de pessoas no planeta. Ainda não alcançamos uma sociedade global "não necessitada".

E a única maneira de fazer isso é utilizando o marketing para mobilizar aqueles que têm dinheiro no sentido de investir e gastar, gerando crescimento. Naturalmente, são necessárias políticas monetária, fiscal e comercial; no entanto, elas não podem ser o cachorro que abana o rabo do marketing. Pelo contrário, o marketing tem que abanar o rabo da política econômica. É necessário virar tudo de cabeça para baixo. São as empresas, os empresários e os consumidores que precisam incitar o governo e os políticos a agir, e não o contrário. Para que o marketing entre em ação, empresas, empresários e consumidores têm que influenciar o governo para que dê apoio à atividade do mercado. As posições radicais que os partidos políticos vêm tomando em relação aos dois remédios alternativos – austeridade *versus* estímulo – estão tolhendo a recuperação da economia. A verdade é que temos como aplicar *ambos* de forma equilibrada, como evidencia o texto abaixo.

O debate entre austeridade e estímulo como soluções para a recuperação econômica

Os Estados Unidos passam por recessões praticamente a cada cinco anos. Parece existir algo na natureza do capitalismo de livre empresa que produz essas recessões. Ler *O Capital*, de Karl Marx, virou moda de novo em certos círculos – não por conta da análise política do livro, e sim em virtude da análise econômica. Marx observa que, à medida que a economia cresce, também aumenta a especulação, devido à suposição de que o crescimento continuará. Chega um ponto em que uma bolha cresce e então estoura, transformando a alta em baixa. Durante o período de crescimento, os salários não acompanham o crescimento e não há poder aquisitivo amplo o suficiente para sustentar esse alto nível de gastos. Marx coloca o problema em termos de aumento da miséria da classe operária, que não dispõe do dinheiro para comprar aquilo que produz.[1]

Evidentemente, essa dinâmica é mais complexa na vida real. No entanto, é verdade que a riqueza sempre teve tendência a se concentrar, não só nos Estados Unidos, mas em vários outros países. Estima-se que, nos Estados Unidos de hoje, o 1% mais rico da população detenha 43% da riqueza e responda por 24% da receita. E os 10% do topo vêm tendo um crescimento percentual da renda maior que os outros 90%, que não tiveram crescimento real da renda. O resultado é mais concentração da riqueza do que jamais se viu, o que, ironicamente, faz com que sejam os próprios ricos que ponham fim ao ciclo de crescimento. O gasto do consumidor, historicamente, representa 70% do PIB. Porém está cada vez mais difícil para o consumidor manter esse nível de gastos, diante de calotes em hipotecas, restrições aos empréstimos, limitações de crédito e desemprego elevado.

Pelo lado da política, existem duas respostas genéricas e diametralmente opostas em relação à cura para esse mal-estar econômico: mais especificamente, uma política estatal de austeridade *versus* uma política estatal de estímulo através de gastos.

A austeridade como solução. Os defensores da austeridade dizem que o problema é que o governo cresceu demais e está desperdiçando dinheiro em programas sociais, como a Previdência Social, o Medicare e o Medicaid, empréstimos acadêmicos e programas para pessoas com deficiência, e que esses gastos deveriam ser reduzidos ou eliminados. Eles não culpam, porém, os enormes gastos militares do governo e se opõem a novos impostos que custeiem esses programas. Os cortes que recomendam para a máquina estatal significam menos professores, policiais e bombeiros, como se a maioria dos servidores públicos fosse de oportunistas políticos ou devesse ir para o setor privado. Não se lembram de citar o fato de que o setor privado não dispõe de empregos para absorver esses funcionários públicos. O pior é que não levam em conta o fato de que, quando esses servidores perdem o emprego e não encontram outro, passam a receber seguro-desemprego e apertam o cinto – reduzindo ainda mais a disponibilidade de dinheiro para ser gasto, estimulando o consumo. Na verdade, é razoável argumentar que a própria adoção da austeridade é uma causa preponderante do aumento do desemprego. A austeridade faz todo mundo apertar o cinto, o que redunda em insuficiência da demanda por produtos e, por conseguinte, por empregos. É cada vez maior o número de economistas que atribuem a piora da situação na Europa Ocidental à imposição de severas medidas de austeridade, pela Alemanha, a toda a União Europeia.

Os defensores da austeridade têm extrema preocupação com o peso da dívida e a necessidade de evitar inadimplência e inflação. Agem como se o calote e a inflação estivessem logo ali ao lado, e não como um desfecho que pode vir a ocorrer em cinco ou dez anos. Não querem que a dívida continue a aumentar nem que o governo pegue emprestado ou imprima dinheiro. Do ponto de vista deles, isso causará inflação e desvalorizará o dólar, prejudicando os credores. Eles querem que o peso da dívida recaia sobre o devedor, e não sobre o credor. Dessa forma, quando uma família não consegue mais pagar a hipoteca porque está no vermelho, os defensores da austeridade acham que o banco deve executar – fazendo, assim, que quem sofra seja o devedor, e não o banco, mesmo que este tenha sido extremamente liberal na concessão de empréstimos a pessoas que assumiram hipotecas elevadas para comprar uma casa. A austeridade é, na verdade, uma questão de quem paga a conta – de quanto do prejuízo é assumido pelo devedor e quanto pelo credor.

O outro argumento dos teóricos da austeridade é que as empresas precisam de maior incentivo para investir. Uma das fontes seria a redução dos impostos sobre as empresas e as pessoas, para que ambos os lados tenham mais dinheiro e incentivo para investir. Evidentemente, isso pressupõe que a demanda e o consumo sejam grandes o bastante para atrair oportunidades de investimento. Parece existir um descasamento entre a *supply side economics*, a "economia pelo lado da oferta", segundo a qual o vendedor é a chave para o investimento, e a *demand side economics*, a "economia pelo lado da demanda", segundo a qual o comprador precisa de poder aquisitivo suficiente para comprar.

O estímulo como solução. A solução inversa é defender mais um ciclo de estímulo por meio de gastos. É o que defendem os economistas liberais. O mais notório de todos, Paul Krugman, afirma que o primeiro ciclo de estímulo, em 2008-2009, foi fraco demais, ao passo que os defensores da austeridade retrucam que essa rodada de estímulo foi um fracasso. Os gastos não foram em infraestrutura, e sim, em grande parte, para governos estaduais e municipais manterem seus funcionários públicos. O argumento contrário, porém, é que o estímulo teve, sim, um impacto positivo sobre a economia. Sem o dinheiro do estímulo, muitos estados americanos teriam demitido servidores públicos e o desemprego no país poderia ter aumentado de 8,3% para 11% ou 12% – sem falar em todo o gasto extra com seguro-desemprego que esses governos teriam que assumir.[2]

O argumento em favor de um novo ciclo de estímulo o mais rápido possível baseia-se em dois pontos. Primeiro, o problema mais urgente da economia americana é o desemprego, e não o risco de inadimplência. O governo tem como imprimir dinheiro para pagar suas contas. Por isso, vamos criar empregos agora, já que isso levará ao tão necessário aumento na receita do governo e das empresas. O rendimento dos títulos de curto prazo provavelmente permanecerá estável e administrável enquanto o dólar americano continuar a ser a moeda de porto seguro. O yuan chinês está bem longe de representar uma ameaça, embora já seja aceito no desembaraço da alfândega no Sudeste Asiático, na Rússia, no Brasil e em outros lugares. E a alegação de que isso criaria uma espiral inflacionária é altamente improvável, porque todas as forças apontam para deflação, e não inflação. É da natureza de economias altamente competitivas, nas quais as empresas lutam para sobreviver, que elas cortem custos e preços em vez de aumentá-los. A inflação só aparece quando os preços sobem rapidamente. Portanto, o raciocínio é que uma nova rodada de estímulo para gerar empregos provavelmente não aumentará as chances de um descontrole inflacionário.

Se os dois lados aceitassem a premência da criação de empregos já, em vez de reduzir-se o peso da dívida, todos poderiam começar a tomar atitudes rumo à retomada. Também deveriam se dar conta e aceitar o fato de que a área em que há mais potencial de criação de empregos está em nossa infraestrutura decrépita – as inúmeras pontes, estradas, ferrovias e outras obras que precisam de reparos, manutenção e maior produtividade. Tudo isso exige grandes obras e o reemprego de muitas pessoas do setor da construção que continuam sem trabalho desde o estouro da bolha imobiliária em 2008. Assim que começarmos a gastar em melhorias da infraestrutura, setores como os de aço, cimento e outros materiais serão reativados e haverá um aumento da necessidade de serviços e equipamentos. A esperança é que a criação de empregos tenha um efeito cascata, fazendo outros setores ampliarem seus gastos – com potencial para aumentar a confiança do consumidor o suficiente para levar a uma elevação do consumo.

Seria possível uma solução de meio-termo entre as duas polêmicas posições de austeridade e estímulo? Comparamos as posições mais extremas dos dois lados como se não existisse uma posição moderada. Não daria para dizer que existe um espectro de opiniões entre os dois extremos, mas lembramos a posição moderada do Relatório Simpson-Bowles, que pedia um misto de redução da dívida e aumento de impostos.[3] Embora não tenha se tornado lei, por conta de partidarismos, é um ponto de referência moderado que tem amplo apoio político, sobretudo entre os eleitores independentes, que representam 30% do eleitorado americano.

Quando os dois lados concordarem com uma posição a meio caminho, desanuviaremos grande parte das picuinhas políticas e da incerteza econômica que prejudicam as empresas e tolhem o investimento e o crédito, e os tempos felizes poderão voltar.

Precisamos gastar e investir na construção de mais estradas, em telecomunicações, redes de energia, sistemas de saneamento e economia de água e outras infraestruturas. Capital é o que não falta; o que falta é, simplesmente, confiança e cooperação. Simplificando, precisamos que as pessoas, as empresas, as organizações e os governos gastem mais. O marketing, como prática e como ciência, precisa combater o medo de gastar e o impulso de poupar por medo. O marketing precisa desempenhar um papel mais robusto na geração de confiança e esperança no futuro. Só o marketing é capaz de vender o sonho de uma vida melhor para todos.

Precisamos que as empresas criem mais produtos, serviços e experiências, a preços irresistíveis. Precisamos de mais iPads e menos derivativos financeiros. Precisamos recuperar uma *cultura de produção e marketing* e reduzir a *cultura do dinheiro,* na qual as pessoas tentam ganhar dinheiro mexendo com dinheiro. Precisamos conclamar os profissionais de marketing e os novos economistas a inspirar os consumidores a comprar e as empresas a investir naquilo que empolga. Os economistas não entendem muito de marketing porque adoram abstrações, ao passo que o profissional de marketing gosta de lidar com a dinâmica de consumo, a concorrência e a inovação do mundo real. Nossa proposta é que tanto o marketing quanto a economia clássica ganhariam enormemente se trabalhassem mais próximos, influenciando tanto as políticas públicas quanto a estratégia das empresas.

Toda empresa precisa de não apenas um, mas dois departamentos de marketing. O departamento de marketing "normal" é tático; sua função é vender os bens que a empresa produz. Ele usa os famosos 4 Ps – produto, preço, praça e promoção – para dar conta do recado. Leva as ofertas aos canais de mercado existentes e cria novos canais para fazer essas ofertas. Usa as mídias tradicionais para transmitir suas mensagens e agora passou a usar bases de dados digitais e redes sociais para entregar de forma mais precisa a mensagem certa, na hora certa, para a pessoa certa.

O "outro" departamento de marketing é estratégico. Não está envolvido com a distribuição dos bens atuais, e sim com a preparação das ofertas de amanhã. As empresas precisam pensar naquilo que os clientes vão querer e esperar daqui a três anos e se antecipar aos futuros concorrentes. Precisam imaginar as novas tecnologias e mídias que estarão disponíveis. Precisam incorporar uma mentalidade inovadora para visualizar as oportunidades proporcionadas pelo avanço tecnológico e pela globalização. Precisam alimentar continuamente a direção com um bombardeio de ideias novas.

É possível crescer nestes tempos de desencanto. Abrimos nosso livro com uma descrição das Nove Megatendências, todas geradoras de oportunidades. Em seguida, apontamos as Oito Rotas do Crescimento. Algumas empresas seguem apenas uma dessas rotas, desperdiçando as oportunidades oferecidas pelas outras sete. Outras empresas podem se aventurar em várias rotas, porém com um desempenho apenas medíocre. Elaboramos este livro com descrições e orientações para fazer sua empresa crescer. Incluímos perguntas para que sua empresa avalie em que pé se encontra em relação às diversas rotas para o crescimento.

O profissional de marketing é treinado para identificar oportunidades. Condicionou-se a enxergar oportunidades em toda crise. Nossa esperança é que as empresas deixem de pensar em crise e passem a pensar em como o marketing pode ser utilizado para identificar novas oportunidades de crescimento.

Notas

Introdução Preparando-se para dominar as oito rotas do crescimento

1. "Negative Population Growth: Historical and Future Trends". www.npg.org/popfacts.htm.
2. EDSALL, Thomas B. "The Hollowing Out". *The New York Times*, 8 jul. 2012.
3. FOROOHAR, Rana. "Slowdown Goes Global". *Time*, 18 jun. 2012, p. 43.
4. PENN, Mark; ZALESNE, E. Kinney. *Microtendências: As pequenas forças por trás das grandes mudanças de amanhã*. São Paulo: Best Seller, 2008.
5. VERDINO, Greg. *Micromarketing: Get Big Results by Thinking and Acting Small*. Nova York: McGraw-Hill, 2010.

1 Crescer fortalecendo sua participação de mercado

1. NEFF, Jack. "P&G Plots Growth Path through Services". *Advertising Age*, 22 mar. 2010.
2. CALKINS, Tim. *Defend Your Brand: How Smart Companies Use Defensive Strategy to Deal with Competitive Attacks*. Nova York: Palgrave Macmillan, 2012.
3. KOTLER Marketing Group. *Marketing Through Difficult Times: Best Practices of Companies that Found Ways to Prosper During the Great Recession, 2011*. Washington, DC: Tony Kotler, 2011.
4. KOTLER, Philip. "Phasing Out Weak Products". *Harvard Business Review*, v. 43, n. 2, mar.-abr. 1965, pp. 107-118.

2 Crescer criando consumidores e parceiros fiéis

1. BIRKNER, Christine. "10 Minutes with John Goodman". *Marketing News*, 30 out. 2011, pp. 28-32.
2. PENN, Mark, *op. cit.*
3. "Mitchells Offers the Perfect One to One Fit", FBNews.net/Smartbiz.com.
4. STRACZYNSKI, Stacy. "Probing the Minds of Teenage Consumers". *AdWeek*, 23 set. 2009.
5. SIMON, Hermann. *As campeãs ocultas: estratégias de pequenas e médias empresas que conquistaram o mundo.* Porto Alegre: Bookman, 2003.
6. LEVITT, Theodore. "MarketingMyopia". *Harvard Business Review*, jul.-ago. 1960.
7. "Euclid Industrial Maintenance and Cleaning", FBNews.net/Smartbiz.com.
8. REICHHELD, Frederick. "One Number You Need to Grow". *Harvard Business Review*, dez. 2003.
9. HESKETT, James L.; SASSER, W. Earl; WHEELER, Joe. *The Ownership Quotient: Putting the Service Profit Chain to Work for Unbeatable Competitive Advantage.* Boston: Harvard Business Press, 2008.
10. McCONNELL, Ben; HUBA, Jackie; KAWASAKI, Guy. *Buzzmarketing: Criando Consumidores Evangelistas.* São Paulo: M.Books, 2015; RAGAS, Matthew W.; BUENO, Bolivar J. *The Power of Cult Branding.* Roseville: Prima Venture, 2002; e BLANCHARD, Ken; BOWLES, Sheldon. *Creating Raving Fans.* Nova York: Morrow, 1993.
11. BIRKNER, *op. cit.*
12. *Ibid.*
13. LOWENSTEIN, Michael. "Employee Ambassadorship". Harris Interactive, 2007.

3 Crescer desenvolvendo uma marca poderosa

1. www.interbrand.com/best-global-brands.
2. Para mais a respeito do marketing sensorial, ver: LINDSTROM, Martin. *Brand Sense: a marca multissensorial.* Belo Horizonte: Free Press, 2005.
3. KELLER, Kevin Lane; MACHADO, Marcos. *Gestão Estratégica de Marcas.* São Paulo: Pearson Universidades, 2005.

4 Crescer inovando em produtos, serviços e experiências

1. Masahiro Fujita, presidente dos laboratórios de tecnologia de sistemas da Sony, citado em: TELLIS, Gerard J. *Unrelenting Innovation: How to Create a Culture of Market Dominance*. São Francisco: Jossey-Bass, 2013.
2. Alguns trechos deste capítulo figuram em TRÍAS DE BES, Fernando; KOTLER, Philip. *Winning at Innovation: The A-F Method*. Nova York: Palgrave Macmillan, 2011, com permissão.
3. WAISBURD, Gilda. *Creativity and Innovation,* Extension Forestry Reform, 1287 Col. Bosques de las Lomas, CP 11700, México, DF.
4. TRÍAS DE BES e KOTLER, *op. cit.*
5. SPEAR, Steven J.; KENAGY, John, "Deaconess-Glover Hospital (A)". Harvard Business School Case, Prod. #: 601022-PDF-ENG, 19 jul. 2000.
6. yet2.com Inc., www.businessweek.com/magazine/content/0617/b3981401.htm.
7. HONEBEIN, Peter C.; CAMMARANO, Roy F. "Customers at Work". *Marketing Management*, v. 15, n. 8, jan.-fev. 2006, pp. 26-31; HONEBEIN, Peter C.; CAMMARANO, Roy F. *Creating Do-It-Yourself Customers: How Great Customer Experiences Build Great Companies*. Mason, Ohio: Texere Southwestern Educational Publishing, 2005.
8. TRÍAS DE BES e KOTLER, *op. cit.*
9. THOMKE, Stephan; VON HIPPEL, Eric. "Customers as Innovators: A New Way to Create Value". *Harvard Business Review*, abr. 2002, pp. 74-81.
10. O trabalho pioneiro nessa área é representado por VON HIPPEL, Eric. "Lead Users: A Source of Novel Product Concepts". *Management Science*, v. 32, n. 7, jul. 1986, pp. 791-805. Ver também VON HIPPEL, Eric. *Democratizing Innovation*. Cambridge: MIT Press, 2005; e MORRISON, Pamela D.; ROBERTS, John H.; e MIDGLEY, David F. "The Nature of Lead Users and Measurement of Leading Edge Status". *Research Policy*, v. 33, n. 2, 2004, pp. 351-362.
11. HOWE, Jeff. *O Poder das Multidões*. São Paulo: Campus/Elsevier, 2009.
12. "FiatMio, the World's First Crowdsourced Car". http://www.ideaconnection.com/open-innovation-success/Fiat-Mio-the-World's-First--Crowdsourced-Car-00273.html.
13. JOURET, Guido. "Inside Cisco's Search for the Next Big Idea". *Harvard Business Review*, set. 2009, pp. 43-45; KAMENTZ, Anya. "The Power of

the Prize". *Fast Company*, maio 2008, pp. 43-44; Cisco. www.cisco.com/web/solutions/iprize/index.html.
14. SEYBOLD, Patricia. *Outside Innovation: How Your Customers Will Co-design Your Company's Future*. Nova York: HarperCollins, 2006.
15. KOTLER, Philip; KELLER, Kevin Lane. *Administração de marketing*, 10ª ed. São Paulo: Pearson/Prentice Hall, 2006.
16. HEINKE Jr., John W.; ZHANG, Chun. "Increasing Supplier-Driven Innovation". *MIT Sloan Management Review*, inverno 2010, pp. 41-46; FANG, Eric. "Customer Participation and the Trade-Off Between New Product Innovativeness and Speed to Market". *Journal of Marketing*, n. 72, jul. 2008, pp. 90-104. Observe que esta pesquisa também mostra que o envolvimento do cliente pode frear o processo de desenvolvimento quando se exige um elevado nível de interação e coordenação entre os estágios.
17. "Asia's New Model Economy". *The Economist*, 1º out. 2011, p. 14.
18. COOPER, Robert G. "Stage-Gate System: A New Tool for Managing New Products". *Business Horizons*, maio-jun. 1990.
19. TRÍAS DE BES e KOTLER, *op. cit.*, capítulo 2.
20. *Id.*, ver capítulo 9.
21. Exemplo extraído de KIM, W. Chan; MAUBORGNE, Renée. *A estratégia do oceano azul*. Rio de Janeiro: Sextante, 2019.
22. www.innovaforum.com.
23. "The World's Most Innovative Companies. Special Report – Innovation". *BusinessWeek*, 24 abr. 2006.
24. KOTLER, Philip; KARTAJAYA, Hermawan; YOUNG, David. *Attracting Investors: A Marketing Approach to Finding Funds for Your Business*. Hoboken, Nova Jersey: John Wiley & Sons, 2004.
25. PRAHALAD, C. K. *The Innovation Sandbox, Strategy+Business*. Booz Company, tiragem #06306.
26. KOTLER, Philip; TRÍAS DE BES, Fernando. *Marketing lateral: Uma abordagem revolucionária para criar novas oportunidades em mercados saturados*. São Paulo: Campus, 2004.
27. KOTLER, KARTAJAYA e YOUNG, *op. cit.*

5 Crescer expandindo-se internacionalmente

1. "A Profile of U.S. Importing and Exporting Companies, 2009-2010". Departamento de Comércio dos Estados Unidos, Washington, D.C., 12 abr. 2012.
2. www.census.gov/econ/smallbus.html#.
3. COWEN, Tyler. "What Export-Oriented AmericaMeans". *The American Interest*, maio-jun. 2012.
4. Ver Projeções Nacionais em OECD Economic Outlook, www.oecd.org/OECD EconomicOutlook.

6 Crescer por fusões, aquisições, alianças e *joint ventures*

1. PORTER, Michael E. "From Competitive Advantage to Corporate Strategy". *Harvard Business Review*, maio 1987.
2. "KPMG Identifies Six Key Factors for Successful Mergers and Acquisitions; 83% of Deals Fail to Enhance Shareholder Value". *Risk World*, 29 nov. 1999.
3. MALMENDIER, Ulrike; MORETTI, Enrico; PETERS, Florian. "Winning by Losing: Evidence on Overbidding in Mergers", abr. 2011, http://economics.mit.edu/files/6628.
4. "FTC to Challenge Nestlé, Dreyer's Merger". www.ftc.gov/opa/2003/03/dreyers.shtm.
5. "Joint Ventures and Strategic Alliances". *Encyclopedia of Business*, 2ª ed. www.referenceforbusiness.com/encyclopedia.
6. www.abrakadoodle.com/Crayola.htm.
7. Ver "Cobranding". Wikipédia.

7 Crescer construindo uma excelente reputação de responsabilidade social

1. Essas seis iniciativas empresariais estão descritas em KOTLER, Philip; HESSEKIEL, David; e LEE, Nancy R. *Boas Ações: Uma nova abordagem empresarial*. São Paulo: Campus/Elsevier, 2012.

8 Crescer formando parcerias com governo e ONGs

1. BEGALA, Paul. "Blame the Right: The GOP Puts Party Before Country Every Time". *Newsweek*, 21 maio 2012, p. 14.
2. LIND, Michael. *Land of Promise: An Economic History of the United States*. Nova York: Harper/Harper Collins, 2012. Essa história econômica dos Estados Unidos afirma que o país prospera quando o governo federal atua como parceiro robusto da livre iniciativa.
3. FRIEDMAN, Milton. "The Role of Government in Education". In: SOLO, Robert A. (Org.) *Economics and the Public Interest*. Rutgers, Nova Jersey: Rutgers University Press, 1955.
4. ADB Institute, "Illustrative Examples of PPP in the EU". www.adbi.org/working-paper/2011/05/13/4531.financial.instruments.ppp.infrastructural.dev.eu/illustrative.examples.of.ppp.in.the.eu/.

Epílogo

1. "Marx to Market". *Bloomberg BusinessWeek*, 19-25 set. 2011, pp. 10-11.
2. MATTHEWS, Dylan. "Did the stimulus work? A review of the nine best studies on the subject". *The Washington Post*, 24 ago. 2011. "Dos nove estudos que encontrei, seis concluíram que o estímulo teve um efeito relevante e positivo sobre o desemprego e o crescimento, e três concluíram que esse efeito foi ou bastante pequeno, ou indetectável."
3. SAHADI, Jeanne. "Bowles-Simpson Back on Table". *CNN Money*, 17 abr. 2012.

CONHEÇA OS LIVROS DE PHILIP KOTLER

Marketing 4.0

Os 10 pecados mortais do marketing

Marketing 5.0

8 estratégias de marketing para crescer

CONHEÇA ALGUNS DESTAQUES DE NOSSO CATÁLOGO

- Brené Brown: *A coragem de ser imperfeito – Como aceitar a própria vulnerabilidade, vencer a vergonha e ousar ser quem você é* (600 mil livros vendidos) e *Mais forte do que nunca*

- T. Harv Eker: *Os segredos da mente milionária* (2 milhões de livros vendidos)

- Dale Carnegie: *Como fazer amigos e influenciar pessoas* (16 milhões de livros vendidos) e *Como evitar preocupações e começar a viver* (6 milhões de livros vendidos)

- Greg McKeown: *Essencialismo – A disciplinada busca por menos* (400 mil livros vendidos) e *Sem esforço – Torne mais fácil o que é mais importante*

- Haemin Sunim: *As coisas que você só vê quando desacelera* (450 mil livros vendidos) e *Amor pelas coisas imperfeitas*

- Ana Claudia Quintana Arantes: *A morte é um dia que vale a pena viver* (400 mil livros vendidos) e *Pra vida toda valer a pena viver*

- Ichiro Kishimi e Fumitake Koga: *A coragem de não agradar – Como a filosofia pode ajudar você a se libertar da opinião dos outros, superar suas limitações e se tornar a pessoa que deseja* (200 mil livros vendidos)

- Simon Sinek: *Comece pelo porquê* (200 mil livros vendidos) e *O jogo infinito*

- Robert B. Cialdini: *As armas da persuasão* (350 mil livros vendidos) e *Pré-suasão – A influência começa antes mesmo da primeira palavra*

- Eckhart Tolle: *O poder do agora* (1,2 milhão de livros vendidos) e *Um novo mundo* (240 mil livros vendidos)

- Edith Eva Eger: *A bailarina de Auschwitz* (600 mil livros vendidos)

- Cristina Núñez Pereira e Rafael R. Valcárcel: *Emocionário – Um guia prático e lúdico para lidar com as emoções* (de 4 a 11 anos) (800 mil livros vendidos)

sextante.com.br